21 世纪创新型会计
实训教学系列教材

管理会计模拟实训

康璇　王颖　**主编**

邓彤　胡洁　**副主编**

立信会计出版社

LIXIN ACCOUNTING PUBLISHING HOUSE

图书在版编目(CIP)数据

管理会计模拟实训/ 康璇,王颖主编. —上海:
立信会计出版社,2020.7(2023.11 重印)
普通高等院校"十三五"规划教材 21 世纪创新型会
计实训教学系列教材
ISBN 978 - 7 - 5429 - 6518 - 9

Ⅰ. ①管… Ⅱ. ①康… ②王… Ⅲ. ①管理会计—高
等学校—教材 Ⅳ. ①F234.3

中国版本图书馆 CIP 数据核字(2020)第 097188 号

策划编辑　　　王艳丽
责任编辑　　　王艳丽

管理会计模拟实训

GUANLI KUAIJI MONI SHIXUN

出版发行	立信会计出版社			
地　　址	上海市中山西路 2230 号	邮政编码	200235	
电　　话	(021)64411389	传　真	(021)64411325	
网　　址	www.lixinaph.com	电子邮箱	lixinaph2019@126.com	
网上书店	http://lixin.jd.com	http://lxkjcbs.tmall.com		
经　　销	各地新华书店			

印　　刷	上海万卷印刷股份有限公司
开　　本	787 毫米×1092 毫米　　1/16
印　　张	12.25
字　　数	227 千字
版　　次	2020 年 7 月第 1 版
印　　次	2023 年 11 月第 2 次
书　　号	ISBN 978 - 7 - 5429 - 6518 - 9/F
定　　价	36.00 元

如有印订差错,请与本社联系调换

前言 *Foreword*

　　管理会计是会计学科的重要分支,主要服务于企业内部管理,能够帮助管理者做出正确的经济决策。随着全球竞争时代的来临和科技的进步,管理会计在企业经营管理中发挥着越来越重要的作用。2016 年 10 月,我国财政部发布的《会计改革与发展"十三五"规划纲要》将管理会计人才列为"行业急需紧缺人才",并明确提出"到 2020 年培养 3 万名精于理财、善于管理和决策的管理会计人才"的任务目标。2016 年,为促进各单位(包括企业和行政事业单位)加强管理会计工作、提升内部管理水平、促进经济转型升级,财政部印发了《管理会计基本指引》,总结了管理会计的目标、原则、要素等内容,以指导各单位管理会计实践。2017 年,财政部发布了《关于印发〈管理会计应用指引第 100 号——战略管理〉等 22 项管理会计应用指引的通知》(财会〔2017〕24 号),总结了目前在企业普遍应用且较为成熟的部分管理会计工具,以指导各单位管理会计实践。在这样的背景下,管理会计人才的培养也成了会计学科人才培养的重中之重。

　　本教材是"21 世纪创新型会计实训教学系列教材"之一,以财政部印发的《管理会计基本指引》和相关管理会计应用指引为基础,结合国内外管理会计相关理论与实践研究编写而成,力求使读者理解管理会计的基本内容,掌握管理会计的工具方法及运用,对管理会计在企业中的应用有更深层的理解。

　　本教材共十一章,第一章是管理会计概论,第二章到第九章分别为战略管理、预算管理、成本管理、营运管理、投融资管理、绩效管理、风险管理和管理会计信息与报告,第十章是公司治理与职业道德,第十一章是可持续发展管理会计。每章首先列出了该章的实训目的和重点难点解析,接下来是知识链接、案例分析和实训演练模块,最后配有延伸阅读与拓展思考。其中,知识链接模块让学生对本章实训的重点理论知识进行学习;案例分析模块给出章节重点知识点串联的案例及相关分析,方便学生结合知识点进行学习;实训演练模块要求学生利用相关知识点进行练习和分析;延伸阅读与拓展思考模块可作为课后延伸阅读和课后案例分析材料使用。

本教材的编写特色主要体现在以下三个方面。第一,针对应用型大学教育的特点,本着注重实践性、兼顾理论性的原则,在结构安排和内容取舍上力求体现会计专业教材的特色,在阐述方法上以应用为宗旨,将案例分析贯穿在各知识点中,使教材更符合应用型大学教学目标的要求。第二,在编写和内容安排上,理论结合实际,强调实训练习,以学生为主体,重视加入现实经济生活中的案例、新闻素材等内容,实操性强,与当前的学科发展和社会经济现实相结合,使教材的应用性更强,让学生能够学以致用。第三,对管理会计的基本理论、基本方法进行了汇总和归纳,实训难度适中,适合开设"管理会计实训"相关课程的应用型本科院校和高等职业院校使用,也可供经济管理部门的管理人员及社会读者使用。

本教材由云南财经大学康璇、王颖任主编并负责统改、定稿,由邓彤、胡洁任副主编,参与编写的人员还有云南财经大学、云南工商学院、昆明幼儿师范高等专科学校及楚雄师范学院的多名一线实训教师。本教材具体编写分工如下:康璇编写第一章管理会计概论;朱红波编写第二章战略管理;胡洁编写第三章预算管理;骆佳编写第四章成本管理;梁维编写第五章营运管理;李琴编写第六章投融资管理;王颖编写第七章绩效管理;冯婉蓉编写第八章风险管理;朱丹娜编写第九章管理会计信息与报告;郑丹编写第十章公司治理与职业道德;邓彤编写第十一章可持续发展管理会计。

衷心感谢云南财经大学余根亚老师对本教材的编写给予的指导与帮助,感谢立信会计出版社的领导和编辑在本教材的出版过程中付出的辛勤劳动。同时,在本教材的写作过程中,编者参阅了大量国内外专家学者的研究成果,在此对相关作者表达最诚挚的谢意。由于编者水平有限,书中难免有错误或不妥之处,欢迎广大读者和同行提出宝贵意见,批评指正。

编　者

2020 年 03 月

目录 *Contents*

第一章　管理会计概论

 实训目的

　　通过本章实训,学生应理解管理会计的概念、由来及其发展历程,认识管理会计在现代企业管理中的重要作用,掌握管理会计与财务会计的区别及联系,为后续的管理会计应用实训打好概念基础。

 重点难点解析

　　本章的重点是理解管理会计的概念及其由来,掌握管理会计与财务会计的区别及联系。

　　本章的难点是理解管理会计的概念,运用管理会计思想解决现代企业管理中的具体问题。

一、知识链接

(一) 管理会计的概念

　　管理会计的概念及内涵是不断发展和变化的,管理会计可以被看作是一种重要的企业管理活动,通过提供财务与非财务信息帮助企业创造价值;同时,管理会计也可以被看作是一种深度参与企业管理的职业。1989年,国际会计师联合会(International Federation of Accountants,IFAC)将管理会计定义为:管理会计是指在组织内部对管理当局用于规划、评价和控制的(财务和运营)信息进行确认、计

量、积累、分析、处理、解释和传输的过程,以确保其资源利用并对它们承担管理责任;管理会计是管理活动的组成部分,其侧重在动态竞争环境中运用各种技术对现有资源加以有效利用,以增加组织价值。1988 年,加拿大注册管理会计师协会(Certified Management Accountants of Canada,CMA Canada)将管理会计定义为:管理会计是会计专业的一个分支,是提供企业管理计划、指挥、决策所需要的信息,以及企业各个管理层级有效利用信息进行最有效决策的过程。2005 年,美国管理会计师协会(Institute of Management Accountants,IMA)将管理会计定义为:管理会计是一种深度参与管理决策、制定绩效管理方案、提供财务报告与控制方面的专业知识以及帮助管理者制定并实施组织战略的职业。2014 年,特许管理会计师公会(Chartered Institute of Management Accountants,CIMA)将管理会计定义为:管理会计是为组织创造价值和保值而收集、分析、传递和使用与决策相关的财务与非财务信息。2014 年,我国财政部将管理会计定义为:管理会计是会计的重要分支,主要服务于单位(包括企业和行政事业单位,下同)内部管理需要,是通过利用相关信息,有机融合财务与业务活动,在单位规划、决策、控制和评价等方面发挥重要作用的管理活动。

由上述不同时期、不同机构对管理会计的不同定义中可以看出,管理会计的内涵在不断地发生变化。为了更好地理解管理会计的概念,需要注意以下几点内容:①管理会计的服务对象是内部管理者,管理会计也是管理者的会计;②管理会计的服务功能体现在提供信息和利用信息参与管理活动上;③管理会计的服务路径以管理过程为载体,两者在伴生互动中提供服务;④管理会计的直接目标是有效地决策支持和管理控制;⑤管理会计的终极目标是帮助企业实现"向管理要效益",即为企业创造价值;⑥管理会计的基本特征是其面对的和解决的是管理问题。

管理会计的核心是构建企业资源的评价体系,在构建评价体系的过程中,应从企业的实际管理需求出发,注重组织资源的整合、信息的集成和资源绩效的比较。在管理会计的应用中,应注重强调、发现各种要素和活动的相关性,拓展影响增加组织价值的思维。

(二) 管理会计的由来及发展

1. "管理会计"术语的由来

在会计发展的历史上,"管理会计"这一术语第一次出现是在 1922 年,当时叫"管理的会计",是在美国会计学者奎因坦斯的著作《管理的会计:财务管理入门》中出现的。早期管理会计学主要研究会计如何进行标准成本计算和实施预算控制,即会计师们如何运用标准成本和预算控制参与企业管理。

1952 年,在伦敦举行的会计师国际代表大会正式提出了"管理会计"这个概念。此后,现代管理会计的理论与实践不断发展,逐渐受到重视。20 世纪 70 年代,管理会计主要存在于美国、英国等西方发达国家,到 20 世纪 80 年代,"管理会计热"开始影响全球,并对日本、韩国等新兴经济体的发展起到了促进和推动作用。从 20 世纪 80 年代开始,会计学术界提出了"战略管理会计"概念并取得了一定的研究成果,包括"平衡计分卡""战略成本管理"等理论研究和实践应用。

2. 管理会计的发展

1) 19 世纪的管理会计系统

19 世纪,工业化生产兴起,工厂出现,大型企业的经营模式比较单一,通常利用规模效应来降低生产成本,企业家要雇用大量工人进行单一的生产业务活动,如纺织、钢铁企业等。由于企业家需要管理工人的工作,而市场无法为决策制定和控制提供所有信息,于是出现了内部信息管理需求。最早建立管理会计系统的美国企业是 1812 年以后出现的综合性机械化棉纺厂。

19 世纪 40 年代以后,美国的新型铁路企业面临着复杂的管理问题,铁路企业不仅需要处理大量的交易和金额,同时也有向外部投资者报送信息以获取投资的压力。因此,铁路企业设计了一个特殊的账户系统,不但可以记录每天各种交易的大量数据,而且可以有效地总结这些交易的结果,为频繁的内部报告服务。例如,为了控制和记录向乘客收取的现金,铁路企业开发了预先表明数字的票据并开始使用定额准备金,从而解决了控制和记录支出的问题。

19 世纪晚期,为满足大型企业的管理需求,机器制造企业开展了一场"科学管理"运动,以方便对工厂的生产力进行系统的分析。这一时期,制造企业的工程师和管理者们开发了大量新的成本测量技术,用于分析产出以及将利润和产品进行联系,这些技术对于 20 世纪的会计实践产生了深远的影响。

2) 综合性企业的发展和管理会计

1900 年左右的兼并浪潮造就了一批从事多元化经营的大型企业,如杜邦公司、通用汽车公司、美国烟草公司、美国钢铁公司等。这些企业整合了工程、采购、生产和销售等各环节的业务活动,如果没有科学的控制系统,它们可能会因企业结构过于复杂而破产。

综合性多重业务企业的管理者们对统一财务评估指标的需求推进了管理会计的发展。成本会计系统有助于企业加强生产经营活动的计划和控制,使企业在扩大规模、多元化发展的同时能够平稳运行。例如,成立于 1903 年的杜邦公司是一家集生产与销售于一体的大型企业,该公司有专门的成本会计制度,能够定期编制采购、生产和销售的成本会计报告,并创新性地利用投资回报率信息在行业范围内进行有效的资源分配决策。1920年,杜邦公司已经发展成为一家股权高度分散的多元化发展的现代企业。再如,20世纪20年代,通用汽车公司建立了一套复杂的预算系统,开始制定弹性预算,评估不同产量下的经营绩效,并推出了与业绩挂钩的高管股权激励计划。通用汽车公司的普通股价值在这一时期增长迅速,其内部的管理会计程序无疑起到了关键的作用。在通用汽车公司迅猛发展之时,福特汽车公司由于创始人亨利·福特对成本会计工作不够重视,导致该公司的市场份额大跌。直到1946年,福特汽车公司聘用了10名曾任职于美国空军统计控制部的军官,他们采取了一系列补救措施,包括对各业务部门进行绩效评估,引入现代管理理论,同时为公司设计了一套专门的财务管理体系。这些举措使福特汽车公司的财务部门成为美国企业中最受欢迎的财务部门。由此可见,成本管理会计对于企业是非常重要的。

3) 现代管理会计

有观点认为,自20世纪20年代以来,管理会计的发展陷入停滞,之后60年几乎所有广为人知的管理会计方法都是由美国工业企业在1925年以前提出来的。因为在1925年以前,早期的管理会计革新都是由产业家和实践人员提出的,而到了20世纪20年代以后,大多数管理会计的理论是由学术界人士提出的,学者们将重点放在了简化的企业模型中,通过逻辑和推演论证发展自己的观点,但是在实践中,企业的管理者们却很难在复杂的实际运营环境中运用这些理论。

在20世纪50年代,美国国家会计师协会发表了一系列专论,充分总结了当时所有的管理会计实践。1972年,美国会计师联合会创立了自己的资格认证,即注册管理会计师(certified management accountant,CMA)考试,涵盖了成本会计、财务会计、统计学、经济学、银行学及其他管理者需掌握的学科知识。

4) 我国的管理会计

自20世纪50年代初开始,管理会计开始在我国的企业中应用。迄今为止,管理会计在我国的发展大致可分为以下三个阶段。

第一个阶段(1950—1991年)是以经济责任制为基础的管理会计体系建设期。这一阶段是我国尚未明确建立市场经济的阶段,计划经济占据主流,因此,管理会计在内容体系上仅围绕成本管理和责任会计取得了一些应用和发展。

第二个阶段(1992—2008年)是以市场为导向的计划性、决策性管理会计体系发展期。在这个阶段,随着我国市场经济体制的确立,管理会计从单纯的成本管理拓展到成本管理和资金管理相结合,同时,企业对管理会计的应用开始由执行性管理会计转变为以市场为导向的计划性、决策性管理会计。

第三个阶段(2009年至今)是以价值创造为核心的战略管理会计体系建设发

展期。在这个阶段,全球金融危机终结了全球经济的繁荣时代,而我国经济在连续高速发展三十多年后也进入了转型期。市场竞争的日趋白热化迫使我国企业更加重视战略落地和价值创造,而原有竞争优势的逐渐丧失也迫使我国企业开始空前重视内部管理。这一现状推动了战略管理会计的引入和发展,我国管理会计的研究和应用进入了一个与国际趋同和本土化发展的多内容、多视角、多学科的创新时期。

2014 年 10 月 27 日,财政部印发的《关于全面推进管理会计体系建设的指导意见》指出,推进管理会计理论体系建设是全面推进管理会计体系建设的前提和首要任务。2016 年 6 月 22 日和 2017 年 9 月 29 日,财政部又相继印发了《管理会计基本指引》和 22 项管理会计应用指引。由此可见,我国正在经历一场由政府部门主导的、史无前例的管理会计变革。

财政部管理会计应用指引基本框架如表 1-1 所示。

表 1-1　管理会计应用指引基本框架

指引编号	内容	工具方法
管理会计应用指引第 100 号	战略管理	战略地图
管理会计应用指引第 200 号	预算管理	滚动预算 零基预算 弹性预算 作业预算
管理会计应用指引第 300 号	成本管理	目标成本法 标准成本法 变动成本法 作业成本法
管理会计应用指引第 400 号	营运管理	本量利分析 敏感性分析 边际分析 内部转移定价 多维度盈利能力分析
管理会计应用指引第 500 号	投融资管理	贴现金流法 项目管理 情景分析 约束资源优化
管理会计应用指引第 600 号	绩效管理	关键绩效指标法 经济增加值法 平衡记分卡 绩效棱柱模型

（续表）

指引编号	内容	工具方法
管理会计应用指引第 700 号	风险管理	风险矩阵 风险清单
管理会计应用指引第 801 号	企业管理会计报告	
管理会计应用指引第 802 号	管理会计信息系统	
管理会计应用指引第 803 号	行政事业单位	

5）管理会计的未来

过去 60 年间，尽管人们在管理会计领域取得了一些发展和进步，但在整个会计领域，财务会计仍长期处于主流位置，在理论研究和人才培养上，人们对管理会计的重视程度还远远不够。在企业应用中，尽管对管理会计的探索实践已远领先于理论研究和人才培养，但受限于管理层的认识程度与人才素质等因素，管理会计仅在部分大企业中获得了一些碎片化的应用。展望未来，随着信息技术的发展，企业所处的商业环境将发生巨大变化，管理会计在未来的企业管理中将发挥越来越重要的作用。比如，在当今信息化和知识经济时代，很多资源都是非货币性的，无法量化或用计价方式表示，如技术资源、管理资源、数据资源以及企业的会议、接待、考察、培训等辅助活动产生的一系列信息资源等，这些资源的反映需要采用非货币性的指标通过多种计量属性予以体现，这时就需要管理会计的参与。

（三）管理会计在现代企业管理中的重要性

管理会计在现代企业管理中是一门有助于提高经济效益的科学，它可以为企业管理者提供全面、及时的管理信息和管理服务，其重要性主要体现在以下三个方面。

（1）管理会计是企业管理者制定科学的战略方案的重要工具。

（2）管理会计是企业管理者完善绩效考核、改善经营管理的重要手段。

（3）管理会计是企业管理者整合内部资源、提高企业协作运行效率的重要抓手。

（四）财务会计和管理会计的关系

1. 财务会计与管理会计的联系

（1）财务会计与管理会计都是企业管理活动的重要组成部分，都服务于企业管理，它们都通过收集、加工处理和利用经济信息，对经济活动进行组织、控制、调节和指导。

（2）从系统理论的角度来看,现代会计是现代化经济管理这个大系统的分系统,而财务会计与管理会计则是现代会计这个分系统的两个子系统。

（3）财务会计与管理会计的职能与最终目标一致。财务会计核算的目的在于通过提供信息影响人们的决策及其行为,而管理会计是运用一些特殊的方法和技术对企业的生产经营活动及人的行为进行管理和控制。两者共同为实现企业内部经营管理目标和满足外部各利益相关者的要求服务。

（4）财务会计与管理会计存在天然的有机联系,两者相辅相成。管理会计要受到财务会计工作质量的制约,而财务会计的发展与改革也应当充分考虑到管理会计的要求,以扩大信息交换处理能力和兼容能力,避免不必要的重复和浪费。

2. 财务会计与管理会计的区别

财务会计与管理会计是会计的两个分支,两者在服务对象、工作重点、程序方法、核算时间、核算重点、会计主体、信息精确度、信息特征和约束性等方面有所区分,其具体区别如表1-2所示。

表1-2　财务会计与管理会计的区别

项目	财务会计	管理会计
服务对象	主要侧重对外部相关单位和人员提供财务信息,属于对外报告会计	主要为强化单位内部经营管理、提高经济效益服务,属于对内报告会计
工作重点	侧重"记录价值",通过确认、计量、记录和报告等程序提供并解释历史信息	侧重"创造价值",其职能是解析过去、控制现在与筹划未来的有机结合
程序方法	有填制凭证、登记账簿、编制报表等较固定的标准程序与方法	根据管理意图的不同,采用的程序与方法具有灵活多样性和较大的可选择性
核算时间	对外编制基本财务报表,按会计期间定期进行	编制内部报告的时间有较大的弹性和灵活性,按管理需要进行
核算重点	过去已经发生的经济活动	预计将要发生或应当发生的经济活动
会计主体	以企业内部各个责任单位为会计主体,并对它们日常经济活动的实绩和成果进行控制、评价与考核,同时也从整个企业全局出发,认真考虑各项决策与预算之间的协调、配合和综合平衡	以整个企业为会计主体,提供集中、概括的财务信息,对企业的财务状况和经营成果做出综合的评价与考核
信息精确度	要求及时性、相关性、真实性。财务会计的工作重点是反映过去,通常都是确定的经济业务,故对其提供的数据力求准确	要求及时性和相关性。由于管理会计的工作重点着眼于未来,不确定因素较多,故对其所提供的数据不要求绝对精确

项目	财务会计	管理会计
信息特征	通过编制基本财务报表提供系统的、连续的和综合的财务信息,上市公司的基本财务报表需要对外公布,负有法律责任	通过编制内部报告提供有选择的、部分的和特定的管理信息,内部报告不对外公布,不负有法律责任
约束性	必须严格遵守企业会计准则及政府有关法规,如会计法、税法等	只服从企业的需要及企业内部控制制度、系统理论和成本——效益分析原理的约束

二、案例分析

（一）案例介绍:G 电器公司的管理会计改革

G 电器公司是以家电及消费电子产品零售为主的全国性连锁企业,拥有直营门店 1 700 多家,年销售收入达千亿元以上。在业务快速发展的同时,G 电器公司也面临重大的挑战,从外部来说,G 电器公司不仅面临其他传统电器连锁零售商的竞争压力,还面临新生电子商务平台的冲击;从内部来讲,G 电器公司不仅面临内部高层人事权的激烈争夺,还面临银行和供应商等方面的财务压力。为了应对各方面的挑战,G 电器公司积极尝试从管理信息系统上突破,通过管理会计改革建设集团一体化的财务共享中心,提升公司的整体管控和决策能力。

1. 业务领域存在的管理难点

G 电器公司组织机构遍布全国各地,门店众多,店面成本开支非常大,每个分部、每个门店都要使用费用报销系统。G 电器公司原来的做法是在每家门店设立专人负责管理该店的合同及支出申请,同时在集团层面还有专岗人员审批这类的费用支出是否合规。

G 电器公司的合同有 25 类,而这 25 类合同中,房租合同占比最高,管理也最复杂。由于房租合同期较长,比如有的房租合同一签就是十多年,所以一旦出现问题查找原始资料非常不容易;另外,房租合同中的房租计提也比较复杂,有按照销售额提成计提的,有按照基础额加销售额计提的,计提的时候要考虑免租期和阶梯计提额等因素,而且在合同执行时还涉及补充协议或者特殊的变动(如中间转租或者闭店停租等)。这就造成合同管控相当复杂,往往人事变动后很多管理信息就丢失了。

2. 信息化建设的现状与问题

在财务共享中心项目实施前,G 电器公司的物流软件系统由配送系统、门店收款系统、财务结算系统和总部汇总系统组成，每个单系统均有相应的远程传输数据及同步软件。G电器公司的信息化建设主要集中在供应链管理上，作为G电器公司整个运营管理的核心项目，该公司的资源计划管理采用了SAP系统，但其信息集成技术水平还不高，在库存管理、补货系统、订货领域尚需建立先进的信息系统代替人工劳动，提高供应链管理的运作效率。

G电器公司实行中央采购政策，即由总公司向供应商集中订货，以此获得较低的进价。虽然G电器公司通过向某些供应商传输销售、库存信息来参与供应商的生产，与其结为资源共享、互助互利的利益同盟，但是，由于G电器公司与很多供应商在信息共享方面做得还不够完善，再加上有的供应商并不具备与G电器公司建立信息共享系统的能力，因此，G电器公司与供应商的合作伙伴关系发展得并不尽如人意。G电器公司为了控制进货成本、加快库存周转速度、吸引更多的合作伙伴，需要建设一个更加完善的信息共享系统。

在财务报表方面，G电器公司原来的报表都是基于标准财务制度的，缺乏有效的管理信息支持，不利于企业管理层准确衡量各类收支情况并做出科学的决策。另外，G电器公司原有的合同管理、票据流转、影像扫描等手工操作较多，信息化程度不够高，且管理数据与财务数据没有分开记录，无法充分发挥数据记录的作用。

3. 财务共享中心建设的要求

基于对自身业务和管理系统的梳理，G电器公司确定了财务共享中心建设的几点要求：第一，管理架构与法人架构剥离，使得管理架构变动更加灵活，不对财务核算形成影响；第二，灵活配置审批流程，明细职责分工；第三，实现管理数据与财务数据分离，并在费用控制系统内对相关业务数据进行记录；第四，支持共享服务中心建设，提供共享服务中心所需的系统支持；第五，提供业务前端操作平台，减少SAP系统中的手工操作，规范业务流程；第六，形成完整的合同管理台账。

4. 管理会计改革方案

G电器公司当前要解决的主要问题是建立全新的财务共享系统与其业务内容相适应，并能够有效地解决财务核算、审批需求等问题，形成完整的合同台账。但由于公司的管理会计改革正赶上国家财税改革"营改增"的试点期，许多规则还不完善，新系统能否有效地与企业业务项目实现对接并与国家财税政策相适应成为摆在项目人员面前的难题。针对这种情况，G电器公司在财务共享中心建立的过程中设计了以下三种方案。

（1）寻找与公司业务类型相似的企业，直接套用其财务共享中心设计方案，并在实践中加以改进。

（2）根据公司目前的财务需要分步骤、有重点地依次解决财务共享中心建立过程中面临的问题,逐步推进整体结构的完善。

（3）从战略规划出发,先建立财务共享中心的整体框架,并在实践中进行检验,修正其不足,使其逐渐完善。

（二）问题思考

请辨析 G 电器公司管理会计改革各备选方案的优势和缺陷,并选择适合该公司的改革方案。

（三）要点分析

方案（1）的优势在于其成本低,短期内便可实现财务共享中心的运作。但其缺陷也是很明显的,即对于 G 电器公司这样的大型企业来说,直接照搬其他企业的财务管理模式并不能有效地解决企业面临的实际问题,且如果模仿不当还会在一定程度上给企业财务管理的实施带来阻碍,甚至埋下隐患。

方案（2）的优势在于可以有重点地优先解决 G 电器公司面临的重要问题,然后在此基础上分步推进财务共享中心的建立。但其缺陷在于分块建立的财务管理体系之间很难有效衔接,公司内部的财务协调问题仍然面临考验。

方案（3）的优势在于能够从整体布局,建立相互协调的财务共享体系,且通过实践不断改进系统,获得最好的效果。但其缺陷在于整体规划难免忽视细节,且公司内部各部门的协调需要较长的时间。

经过反复斟酌,G 电器公司的管理层认为,只有从整体着眼才能从根本上解决公司内部财务管理之间缺乏协调的问题。因此,G 电器公司最终决定将方案（3）作为实际方案。

资料来源:元年科技.G 电器公司财务共享中心建设与思考（上）[EB/OL].（2016-06-17）[2020-02-20].https://www.yuanian.com/gz/algs/jtal/1068.html.

三、实训演练

（一）管理会计思想在棒球运动中的应用实训

1．案例阅读

影片《点球成金》改编自迈克尔·刘易斯的《魔球:逆境中致胜的智慧》一书,电影讲述了奥克兰运动家、棒球队总经理比利·比恩（Billy Beane）的经营哲学。他在球队核心主力被挖走以及人员、物质配备和资金实力都处于劣势的情形之下,通过另辟蹊径和逆向思维的方式采用经济学高才生彼得的赛博计量学理论,并在彼得的帮助之下,召集了一些表面看上去充满缺点但骨子里在棒球运动方面拥有超强能力的队员,以打破常规、突破传统的经营模式在一片质疑与批评声中取得了骄人的比赛成绩,用最低的成本创造了最多的价值,并且其团队的成功不可复制。

在棒球运动中,传统的评价指标以"得分率""打击率""本垒打"等棒球爱好者耳熟能详的指标作为基准,尤其是得分率高的球员往往被看作是最有价值的球员。但在该影片中,比恩并未被传统的标准所束缚,敢于打破常规,大胆应用赛博计量学理论,明确了球队的最终目标,然后建立了实现这一目标的一系列战略。在实施这些战略的过程中,在球员评价这一环节,他大胆引入了新的评价指标,如"上垒率""长打率"等,然后将新导入的指标共享到整个球队,并反映到球员选拔、战术制定及平时训练中。如果某球员的指标数值不佳,就找出其中的原因对其进行指导,或者用数值更高的球员取而代之。比恩通过改变评价指标体系使整个球队发生了彻底的改变。

资料来源:嶋田毅.管理会计[M].沈海泳,译.北京:北京时代华文书局,2017.

2. 实训要求

(1)观看影片《点球成金》,找出经理比利·比恩在经营球队中应用的新评价指标。

(2)请问球队经理采用了哪些方法推进球队改革并让球队取得了优秀的成绩? 其中蕴含了哪些管理会计思想?

(3)结合案例影片,根据你自己的理解,谈谈什么是管理会计。

(二)管理会计系统在华为公司中的应用实训

1. 案例阅读:华为公司 CFO 孟晚舟 2017 年新年致辞(节选)

年末,财务例行陷入一片忙乱之中,大量的数据要看、要算、要管、要分析、要核对、要测算。差不多每年十月之后,财务便进入了常态化的加班,全球各个子公司的年度结账与审计工作开始启动,与此同时,新一年的预算编制和评审工作也在同步进行着,财务的每个组织都被这两条主线紧紧地捆绑着,拖曳着,陷入无边无际的数字海洋。

"却顾所来径,苍苍横翠微"。即将要过去的一年对财经团队来说,是沉甸甸的回忆,更是满满当当的收获。特别是,当我们回头想想,一年之前所站的那个高度,再转过身来看看,一年之后所站在的这个高度,我相信,不少的团队,不少的同事,都有无限的感慨,更是无比的自豪。

当我们站在这个新的高度,极目远眺曾经翻过的重峦叠嶂,闭目回想曾经蹚过的曲折泥泞,怎能不为自己的努力而欣喜,怎能不为自己的坚韧而鼓舞。当然,此时此刻的超然,只是下一段雄关漫道的开始。

打开作业边界,责任在哪里,我们就在哪里。

项目是公司经营管理的基本细胞。项目财务队伍已经持续建设了三年多,今年,各个区域还给我们补充了不少项目财务人员,在"形似"上,项目的财务人员配置已基本到位;在"神似"上,我们距离管理层的期望还很远。虽然,项目财务的整体能力还处在半山腰,不过,比比三年前还在山脚的那个我们,还是值得小小地自我激励一下。全球1 500名项目财务扑在合同上,扑在项目上,他们无处不在的努力、矢志不渝的执着,正在世界的各个角落燃点着熠熠生辉的星星之火。

S代表处的项目财务,朴实无华,凭借着自己扎扎实实的付出,赢得了一线的认同,证明着自己的价值。他们顶着炎炎烈日深入沙漠站点120公里,每月上站稽查修路情况,为项目降低350万美元的修路成本;他们驱车至2公里深的大峡谷,与站点工程师、分包商们一起实地考察站址,拿出"降低峡谷10个站点的交付成本"的可行方案;他们泡在站点,与当地村民慢慢协商、慢慢沟通,用村民临时接电替代油机费用,为项目的31个站点,节省了十个月的油机费用38.8万美元。

2016年,N国汇率大幅波动,代表处的项目财务主动请缨参战。与客户合同谈判前,收集信息、仔细测算,匡算合同整个履约周期内可能的外汇损失。合同谈判时,现场参与汇损分担机制的条款谈判,即便是谈判陷入僵局,仍然有礼有节、尽职尽责地维护着公司的利益。合同签约后,一刻也不松懈地投入到回款跟踪上,跟踪交付计划,跟踪客户付款计划,主动协调两边的工作效率和工作进展,有效地关闭了外汇风险敞口。

看庭前花开花落,望天空云卷云舒。虽然,项目财务有了点滴的进步,但大家更明白:"到此处才行一步,望诸君莫废半途。"

我们是一支持续努力、不懈奋斗的团队,我们有信心、有意愿、更有能力,再用2~3年的时间,向一线交付一支"首战用我、用我必胜"的项目财务团队。

对财经团队来说,履行岗位职责是我们的必修课,没有写在岗位职责中的管理机会点,是我们的选修课。财经团队一直努力在必修课上,成为信息与通信行业的最佳实践者;与此同时,也持续努力在选修课上,成为业务最愿意信赖,也最值得信赖的伙伴。

打开管理边界,机会在哪里,我们就在哪里。

项目财务的专业能力还处在爬坡阶段,在探索中成长,适配中修正,将是我们未来几年的常态。财经的另一个变革项目——内控体系建设,经过数年的努力,如今已走出了迷雾。

2007年,内控管理作为IFS的子项目,开启了从零起步的变革大门。十年磨一剑，如今，我们的内控意识、内控机制、内控能力已浸入到各个业务活动之中，业务在哪儿，内控就在哪儿，形成了以"流程责任和组织责任"为基础的全球内控管理体系。

内控推行之初，财经被视为业务的对立面，内控目的似乎就是为了阻止业务快速通过。在混沌和迷茫中，我们渐渐找准了自己的定位，提出"内控价值要体现在经营结果改善上"的管理目标，并沿着这个目标把内控工作揉细了、掰碎了，一个一个区域、一个一个组织逐个讲解，逐个沟通，逐个松土，逐个确定本领域、本组织的内控工作目标。有了目标，就要承诺；有了承诺，就要实现；内控管理在经营活动中渐渐地扎了根、发出了芽，一线团队也渐渐接受了内控概念，愿意沿着内控的管理要求展开作业。

M 代表处内控团队推行自动化验收、开票与核销系统，以提升 OTC 流程的作业质量，使得开票时间从 80 分钟缩短至 10 分钟，客户拒票率下降 98%。

这些都是内控机制"润物细无声"的运行过程中，实实在在带来的经营收益。当庞大机器运转之时，内控既是润滑剂，又是制动器。改善经营、优化作业，我们是润滑剂；分权制衡、数据透明，我们是制动器。有效的内控管理，为"积极授权、有效行权"提供了制度性的保障。让听得见炮火的组织，敢于行权、积极行权；让看得见全局的组织，合理授权、有效控制。这才是我们想要的管理和控制机制。内控机制的真正受益者是公司的各级作业组织，权力更多、责任更大、边界更清，每个组织都能在自己的权责边界内活得精彩、活得滋润。

打开组织边界，人才在哪里，我们就在哪里。

一个组织，必须在开放的耗散结构中，勇敢地开枝散叶，积极地吸收新能量，才能获得持续不断的成长原动力。这就像植物一样，只有通过光合作用，一颗种子才能长成参天大树。

在过去的两年里，财经团队正努力打开组织边界，引入新鲜血液，获取全世界的优秀人才。2014 年 11 月，集团财经首次在英国尝试开展财经专场招聘会，迈出主动拓展海外人才的第一步。现在华为财经团队来自牛津、剑桥、哈佛、耶鲁等著名大学的优秀学生有数百名，他们正逐渐成为我们的新生力量。财经团队的海外招聘已逐渐形成机制，从雇主品牌建设到校园宣讲安排，从暑期实践活动到财经挑战赛，我们在顶尖高校的声誉正慢慢积累起来。2016 年度，财经团队招聘了近 340 名留学生，占我们今年校园招聘指标的 38%。

加入华为财经团队的留学生群体有改变世界、实现个人价值的强烈渴望，有激情、有冲劲、有极强的学习能力、极宽的思维方式。曾经，他们凭借着扎实的成绩和优秀的品格考入世界名校，他们在异国他乡独立生活，努力求知。如今，他们加入我们的战队,所体现出来的普遍品质是"能吃苦""懂得珍惜""时间管理强""团队融入快"。他们身上表现出来的艰苦奋斗精神与华为的核心价值观高度契合,我们期待着这些年轻人能够快速成长,绽放出耀眼的光芒。

与此同时,我们贴近人才建组织,贴近人才建能力。

2015年,税务规划团队、关联交易团队整体搬迁伦敦。在此后一年多的时间里,我们发现这两个领域的高端人才明显比以前容易获取,而且他们融入团队更平滑、更有效。这些在行业内极富专业影响力的专家们,拉动我们的专业税务能力建设快速走上新台阶。大家都把他们尊称为"老爷爷"和"老奶奶",能与这些"老爷爷"和"老奶奶"们一起共事,更是我们这些渴望成长的年轻人的最佳非物质激励。

打破组织边界,引入"不带华为工卡的同僚",无论你是雇员,还是顾问,无论你是全职,还是兼职,我们都将非常开放地合作,"一切为了胜利"是我们唯一的目标。葛兰素史克公司全球关联交易的主管,大家敬爱的 Nike papa,他曾经主导了全球最大的关联交易诉讼案件,在他以顾问身份参与我们的税务变革项目后,我们大胆地把技术总监的角色交给了他,事实证明,由他所主导的关联交易架构的技术方案,完全处在行业的领先水平。

打开思想边界,方法在哪里,我们就在哪里。

在一切边界中,最难打破的,就是无形的思维边界。只有打破思维模式的禁锢,积极尝试新方法、新工具;突破作业习惯的边界,努力尝试新角度、新立场,才能跟上这个瞬息万变的时代。如今的我们,早已超越了基础财务服务的范畴,ICT 行业的先进工具和方法,正装备着我们的队伍,创造着无限的活力。

在会计核算领域,我们积极尝试自动化、智能化,将标准业务场景的会计核算工作交给机器完成。目前,年平均约 120 万单的员工费用报销,员工在自助报销的同时,机器根据既定规则直接生成会计凭证;98 个国家和 746 个账户实现互联互通,支付指令可以在 2 分钟内传递至全球任一开户银行;我们的付款准确率水平高于银行 100 倍以上;在 AP 领域的四个业务场景上,我们启用了计算机自行处理,试点半年来,通过手工作业进行并行校验,其结果证明准确率为 100%。

我们在全球实施的射频识别物联资产管理方案,目前已经覆盖 52 个国家、2 382 个场地、14 万件固定资产。射频识别标签贴在需要管理的固定资产上,每 5 分钟自动上报一次位置信息,每天更新一次固定资产的使用负荷(或者闲置)情况。部署射频识别后,固定资产盘点从历时数月下降为只需数分钟,每年减少资产盘点、资产巡检的工作量 9 000 人天。资产位移信息、资产闲置信息及时更新、共享,使我们在资产管理能够有的放矢。

在资金规划领域的四个大数据项目,展现出令人惊讶的创造力,"经营性现金流预测"和"分币种现金流预测"的大数据项目已正式上线应用。基于大数据模型，由计算机进行上万次数据演算和模型迭代，经营性现金流已实现 12 个月定长的滚动预测。从历史数据的拟合度看，最小偏差仅 800 万美元。对于在 170 个国家实现销售，收入规模约 800 亿美元，年度现金结算量约 4 000 亿美元的公司来说，800 万美元的现金流滚动预测偏差，已经是极为理想的结果。

与机器共舞如此美妙！数字予机器以温度，其惊喜犹如燃情的岁月。

打开能力边界，工匠在哪里，我们就在哪里。

财经团队的每个成长脚印里，总有说不完、数不清的动人故事，锲而不舍、艰苦奋斗、精益求精的工匠精神，支撑着整个组织的前进。

存货账实相符项目的实施，在公司近三十年的经营史上，首次实现了站点存货的可视、可盘点、可管理。站点存货账实一致率，从 2014 年的 76％提升至 2016 年的 98.62％；全球中心仓的账外物料 8 800 万美元实现再利用；清理超期存货 7 500 万美元；中心仓和站点存货的货龄结构大幅改善；ITO 同比上年提升 44 天；这一条条、一项项可圈可点的成绩，再次证明了我们是一支"说到必将做到"的团队。2014 年，我们向公司承诺，用三年时间做到全球存货账实相符，"言必行、行必果"，如今，我们兑现了自己当初的承诺。

账务核算已经实现了全球 7×24 小时循环结账机制，充分利用了我们共享中心的时差优势，在同一数据平台、同一结账规则下，共享中心接力传递结账作业，极大缩短了结账的日历天数。24 小时系统自动滚动调度结账数据，170＋系统无缝衔接，每小时处理 4 000 万行数据，共享中心"日不落"地循环结账，以最快的速度支撑着 130＋代表处经营数据的及时获取。

全球 259 家子公司均要按照本地会计准则、中国会计准则、国际会计准则的要求分别出具三种会计准则下的财务报告，还要按产品、区域、客户群等维度分别出具责任中心经营报告，这些报告都可以在五天之内高质量输出。

巴西的税务专员 Carlos 发现，按照巴西社会保障局的规定，已交纳的社保税可以申请抵扣。于是，他放弃休假，用了两个多月的时间，在堆积成山的仓库中找到 150 多份退税证据。Carlos 的努力和坚持，为我们从巴西税局退回了 3 000 万美元的"冤枉钱"。

"支付工匠"马阿丽，高峰期每天要盖 3 000 个章，每 15 秒就要盖一个章，以至于端着饭碗时手会不停地颤抖。然而，即使是这样的高强度、高压力，马阿丽连续十余年，数千亿美元的资金从她手上付出，竟然没有一分钱的差错。这是怎样的努力，又是怎样的付出？！

传统的财务服务，早已不再是我们孜孜以求的目标。那个驼着背、弯着腰、端着水杯、戴着老花眼镜的账房先生,绝不再是我们的形象代言。

财经已经融入公司所有业务活动之中。从合同概算到项目回款、从产品规划到市场分析、从出差申请到费用报销、从资产管理到存货管理、从销售融资谈判到融资规划落地、从税务筹划到定价设计……,伴随公司的成长,财经组织从"非常落后"走到了"比较落后",又从"比较落后"走到了"有点先进"。孔子问志,颜渊曰:"愿无伐善,无施劳。"虽然我们的文化是低调的,但财经团队的持续努力和点滴成就,还是相当令我们自豪,如今,我们的财经专业能力普遍处于行业较佳水平,个别领域已处于行业最佳水平。

资料来源:心声社区.却顾所来径,苍苍横翠微——华为 CFO 孟晚舟 2017 年新年致辞[EB/OL]. (2016-12-30)[2020-02-23]. http://xinsheng. huawei. com/cn/index. php? app = forum&mod = Detail&act=index&id=3313719&search_result=1.

2. 实训要求

(1) 阅读孟晚舟 2017 年新年致辞全文,收集华为公司的背景资料,分析华为公司全球财务中心改革的必要性。

(2) 华为公司管理会计内部控制改革的具体措施有哪些?

(3) 谈谈华为公司管理会计改革对你的启示。

四、延伸阅读与拓展思考

(一) 延伸阅读:管理会计职业资质

1. 美国注册管理会计师认证

注册管理会计师资格认证是由成立于 1919 年的美国管理会计师协会所建立的专业认证制度,是全球针对管理会计及财务管理领域的权威认证。注册管理会计师(CMA)与注册会计师(certified public accountant,CPA)、金融特许分析师(chartered financial analyst,CFA)一起并称为财会领域的国际三大"认证"。

2007 年 7 月,美国管理会计师协会启动 CMA 中文考试,目前,中国考生可自选中文或英文任一形式参加此考试。CMA 中文考试每年举办三次,CMA 英文考试每年也有三个考试窗口。根据 CMA 考试大纲的要求,CMA 认证考试包括两部分内容,第一部分是财务规划、绩效和控制,第二部分是战略财务管理。其中,每部分的考试时间为 4 小时,评分范围为 0～500 分,360 分为最低通过标准;每部分内容由 100 道选择题及 2 道情境题组成,每道情境题中又包括 10～12 道简答题或计算题。根据 2020 年 1 月 1 日起生效的 CMA 考试内容大纲,CMA 两部分考试知识点及分值比例构成如表 1-2 所示。

表 1-2　CMA 考试知识点与分值比例构成

第一部分:财务规划、绩效和控制		第二部分:战略财务管理	
外部财务报告决策	15%	财务报表分析	20%
计划、预算和预测	20%	公司财务	20%
绩效管理	20%	决策分析	25%
成本管理	15%	风险管理	10%
内部控制	15%	投资决策	10%
科技与分析	15%	职业道德	15%

2. 特许管理师公会认证

特许管理会计师公会(CIMA)是全球最大的国际性管理会计师考试、管理与认证机构,同时,它也是国际会计师联合会的创始成员之一。

CIMA 一直以来紧密结合充满活力和挑战的商界需求,坚持不懈地致力于企业财务管理及战略决策的研究和开发,提供了世界上极具权威性的高端财务职业资格认证。CIMA 资格认证不仅为企业衡量和提升财务管理人员素质和业务水平提供了依据,也为各行各业的高级财务人员和管理精英创造了展示实力的平台和个人发展的通途。

CIMA 认证考试的内容不是仅局限于会计知识,而是涵盖了管理、战略、市场、人力资源、信息系统等各方面商业知识和技能。

CIMA 认证考试分为四个阶段,分别是基础阶段、运营阶段、管理阶段和战略阶段。基础阶段的考试内容侧重商业和财经知识基础,共有 4 门考试,分别是企业经济学基础、管理会计基础、财务会计基础和伦理、公司治理与商法基础。运营阶段的考试内容侧重执行战略,共有 4 门考试,分别是管理会计、财务报告与税务、组织管理和综合案例分析。管理阶段的考试内容侧重企业管理,共有 4 门考试,分别是项目及关系管理、高级管理会计、高级财务报告和综合案例分析。战略阶段的考试内容侧重战略管理,共有 4 门考试,分别是战略管理、风险管理、财务战略和综合案例分析。

CIMA 认证考试采用全英文、机考形式,其中,综合案例分析课程在每年的 2 月、5 月、8 月和 11 月各有一次考试窗口,其他课程的考试可以随时进行。学员通过 CIMA 认证每个阶段的考试都可获得相应等级的证书:通过基础阶段考试,可获得 CIMA 商业会计证书;通过运营阶段考试,可获得 CIMA 管理会计证书;通过管理阶段考试,可获得 CIMA 高级管理会计证书;通过战略阶段考试,并拥有三年的实践经验,可正式取得全球注册管理会计师资格。

3. 中国的管理会计师认证

目前,中国总会计师协会和北京国家会计学院分别推出了中国管理会计师认证考试。但是,由于这两个机构推出的中国管理会计师认证考试并非由财政部直接组织和领导,而且不是全国统一性的考试,加之其开展认证考试的时间较短,规模远小于注册会计师等国家级考试。因此,中国管理会计师目前暂无认可度较高的全国统一认证考试证书。

(二) 拓展思考

(1) 从目前的情况看,你认为含金量最高的管理会计师证书是什么? 为什么?

(2) 请结合延伸阅读的相关资料思考,如果未来你要成为一个合格的管理会计师,需要获得哪些知识、能力和资质?

第二章 战略管理

 **实训目的**

通过本章实训,学生应掌握战略管理的相关概念,掌握常用的战略管理工具,熟悉战略地图的应用,理解企业的战略管理过程。

 **重点难点解析**

本章的重点是掌握战略管理的相关概念,以及 SWOT、BSC、波特五力分析和波士顿矩阵分析等常用的战略管理工具,并应用常用的战略管理工具完成战略分析,明确企业战略管理过程。

本章的难点是战略地图的应用。

一、知识链接

为了促进企业加强战略管理,提高企业战略管理的科学性和有效性,推动企业实现战略目标,我国财政部先后发布了《管理会计基本指引》《管理会计应用指引第100 号——战略管理》和《管理会计应用指引第 101 号——战略地图》。战略管理领域应用的管理会计工具方法一般包括战略地图、滚动预算管理等。战略管理工具方法可以单独应用,也可以综合应用,以加强战略管理的协同性。

(一) 战略管理

1. 战略管理的定义

战略管理是指对企业全局的、长远的发展方向、目标、任务、政策以及资源配置做出决策和管理的过程。

2. 战略的定义

战略是指企业从全局做出的长远性的谋划。

3. 企业战略的层次

企业战略一般分为三个层次,包括选择可竞争经营领域的总体战略、某经营领域具体竞争策略的业务单位战略(也称竞争战略)和涉及各职能部门的职能战略。

4. 战略管理的原则

(1) 目标可行原则,指战略目标的设定应具有一定的前瞻性和适当的挑战性,使战略目标通过一定的努力可以实现,并能够使长期目标与短期目标有效衔接。

(2) 资源匹配原则,指企业应根据各业务部门与战略目标的匹配程度进行资源配置。

(3) 责任落实原则,指企业应将战略目标落实到具体的责任部门和责任人,构成不同层级彼此相连的战略目标责任圈。

(4) 协同管理原则,指企业应以实现战略目标为核心,考虑不同责任部门业务目标之间的有效协同,加强各部门之间的协同管理,有效提高资源使用的效率和效果。

5. 战略管理工具方法的应用

企业应用战略管理工具方法时,一般按照战略分析、战略制定、战略实施、战略评价和控制、战略调整等程序进行。

(二) 战略分析

1. 战略分析的内容

战略分析包括外部环境分析和内部环境分析。外部环境分析是指对企业外部的政治环境、社会环境、技术环境、经济环境等进行分析,识别和评价超出企业控制能力的外部发展趋势与事件,明确自身面临的机会与威胁,从而对外部环境的未来变化做出正确的预见。外部环境分析是战略能够获得成功的前提。内部环境分析是指通过分析企业的内部环境或条件,认清企业内部的优势和劣势,掌握企业的历史和状况,明确企业所具有的优势和劣势。内部环境分析有助于企业制定有针对性的战略,有效地利用自身资源,发挥企业的优势,同时避免企业的劣势,或采取积极的态度改进企业的劣势。

2. 战略分析的方法

企业进行战略分析时,可运用态势分析法、波特五力分析法和波士顿矩阵分析法等方法,分析企业的发展机会、竞争力以及各业务流程在价值创造中的优势和劣势,并对每一业务流程按照其优势强弱划分等级,为制定战略目标奠定基础。

1）态势分析法

态势分析法又称 SWOT（strength，weakness，opportunity，threat）分析法，该方法在 20 世纪 80 年代初由美国旧金山大学的管理学教授韦里克提出，经常被用于企业战略制定、竞争对手分析等场合。态势分析法是一种基于内外部竞争环境和竞争条件下的一种综合分析方法，即将与研究对象密切相关的各种内部优势、劣势及外部的机会和威胁等通过调查列举出来，并依照矩阵形式排列，然后用系统分析的思想把各种因素相互匹配并加以分析，从而得出相应结论。其结论通常带有一定的决策性，对制定相应的发展战略及对策起到支撑作用。态势分析法可以帮助企业把资源和行动聚集在自己的强项和机会最多的地方，并让企业的战略变得更明朗。

2）波特五力分析法

波特五力分析法又称波特五力模型（Michael Porter's five forces model），是迈克尔·波特（Michael Porter）于 20 世纪 80 年代初提出的，对企业战略制定产生了深远的影响。如图 2-1 所示，波特五力模型确定了竞争的五种主要来源，即供方的议价能力、买方的议价能力、新进入者的威胁、替代品或服务的威胁以及来自同一行业企业间的竞争。一种可行战略的提出首先应该确认并评价这五种力量，不同力量的特性和重要性因行业和企业的不同而变化，五种力量的不同组合将最终影响行业的潜在利润。因此，波特五力模型将大量不同的因素汇集在一个简单的模型中，以此来分析一个行业的基本竞争态势。

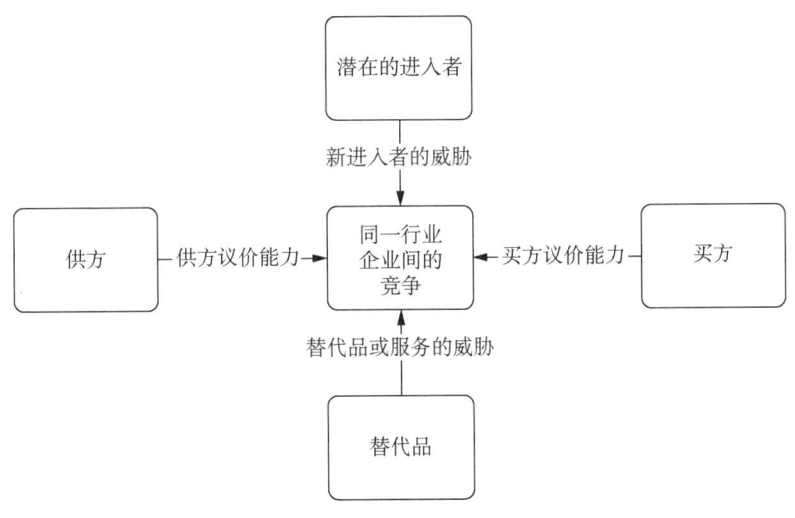

图 2-1　波特五力模型

3）波士顿矩阵分析法

波士顿矩阵分析法又称市场增长率—相对市场份额矩阵分析法、波士顿咨询集团法、四象限分析法、产品系列结构管理法等。该方法是由波士顿咨询集团

(Boston Consulting Group，BCG)在20世纪70年代初开发的。波士顿矩阵将组织的每一个战略事业单位标在一个二维的矩阵图上，从而显示出哪个战略事业单位提供高额的潜在收益，以及哪个战略事业单位是组织资源的"漏斗"，如图2-2所示。波士顿矩阵的发明者、波士顿公司的创立者布鲁斯认为，企业若要取得成功，必须拥有增长率和市场份额各不相同的产品组合，而产品组合的构成取决于企业现金流量的平衡。如此看来，波士顿矩阵分析法的实质是通过业务的优化组合实现企业现金流量的平衡。

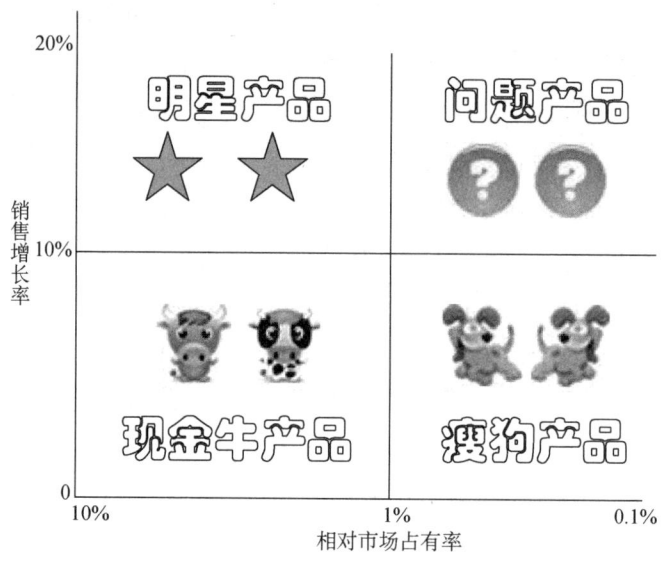

图2-2　波士顿矩阵

3. 平衡计分卡

平衡计分卡(balanced score card，BSC)，是根据企业组织的战略要求而精心设计的指标体系，从财务、客户、内部运营、学习与成长四个角度将组织的战略落实为可操作的衡量指标和目标值。

(三) 战略制定

1. 战略制定的定义

战略制定是指企业根据确定的愿景、使命和战略分析情况，选择和设定战略目标的过程。

2. 战略目标制定的方法

企业可根据保障整体目标、发挥员工积极性以及协调企业各部门战略方案等实际需要，通过自上而下、自下而上或上下结合的方法制定战略目标。

企业设定战略目标后，各部门需要结合企业战略目标设定本部门战略目标，并将其具体化为一套关键指标的预测值,这些为各关键指标设定的预测值应与本企业的可利用资源相匹配,并有利于执行人积极有效地实现既定目标。

(四)战略实施

1. 战略实施的定义

战略实施是指企业通过战略管控将战略目标变成现实的过程。

2. 战略管控方法

企业应加强战略管控,结合使用战略地图、价值链管理等多种管理会计工具方法,将战略实施的关键业务流程化,并落实到企业现有的业务流程中,确保企业高效率和高效益地实现战略目标。

(五)战略评价和控制

1. 战略评价和控制的定义

战略评价和控制是指企业在战略实施过程中,通过检测战略实施进展情况,评价战略执行效果,审视战略的科学性和有效性,不断调整战略举措,以达到预期目标。

2. 战略评价方法

企业主要应从以下几个方面进行战略评价:战略是否适应企业的内外部环境;战略是否达到有效的资源配置;战略涉及的风险程度是否可以接受;战略实施的时间和进度是否恰当。

(六)战略调整

1. 战略调整的定义

战略调整是指企业根据情况的发展变化和战略评价结果,对所制定的战略及时进行调整,以保证其能够有效地指导企业的经营管理活动。

2. 战略调整的对象

战略调整的对象包括企业的愿景、长期发展方向、战略目标及战略举措等。

(七)战略地图

1. 战略地图的定义

战略地图是指为描述企业各维度战略目标之间因果关系而绘制的可视化的战略因果关系图。在实践中,企业通常以财务、客户、内部业务流程、学习与成长四个维度为主要内容,通过分析各维度的相互关系绘制战略因果关系图。企业可根据自身情况对各维度的名称、内容等进行修改和调整。

2. 战略地图的设计

企业设计战略地图时,一般按照设定战略目标、确定业务改善路径、定位客户价值、确定内部业务流程优化主题、确定学习与成长主题、进行资源配置、绘制战略地图等程序进行。

3. 战略地图的实施

战略地图的实施是指企业利用管理会计工具方法,确保企业实现既定战略目标的过程。战略地图实施一般按照战略关键绩效指标(key performance indicator, KPI)设计、战略 KPI 责任落实、战略执行报告、战略持续改善、评价激励等程序进行。

4. 战略地图的优缺点

战略地图的主要优点是能够将企业的战略目标清晰化、可视化,并与战略 KPI 和战略举措建立明确联系,为企业战略的实施提供有力的可视化工具。

战略地图的主要缺点是实施成本高,需要多维度、多部门的协调,并且其需要与战略管控相融合才能真正实现战略目标。

二、案例分析

(一) 案例介绍:华为公司的战略选择

华为技术有限公司(以下简称华为)创立于 1987 年,是全球领先的信息与通信(information and communications technology,ICT)基础设施和智能终端提供商,致力于把数字世界带给每个人、每个家庭、每个组织,构建万物互联的智能世界。目前,华为有 19.4 万员工,业务遍及 170 多个国家和地区,服务于 30 多亿人口。

华为在通信网络、信息技术、智能终端和云服务等领域为客户提供有竞争力、安全可信赖的产品、解决方案与服务,与生态伙伴开放合作,持续为客户创造价值,释放个人潜能,丰富家庭生活,激发组织创新。华为坚持围绕客户需求持续创新,加大基础研究投入,厚积薄发,推动世界进步。

华为是一家 100% 由员工持有的民营企业。华为通过工会实行员工持股计划,参与人仅为公司员工,没有任何政府部门、机构持有华为股权。

华为拥有完善的内部治理架构。持股员工选举产生 115 名持股员工代表,持股员工代表会选举产生董事长和 16 名董事,董事会选举产生 4 名副董事长和 3 名常务董事,轮值董事长由 3 名副董事长担任。

华为对外依靠客户,坚持以客户为中心,通过创新的产品为客户创造价值;对内依靠努力奋斗的员工,以奋斗者为本,让有贡献者得到合理回报;同时,与供应商、合作伙伴、产业组织、开源社区、标准组织、大学、研究机构等构建共赢的生态圈,推动技术进步和产业发展。华为遵从业务所在国适用的法律法规,为当地社会创造就业岗位,带来税收贡献,并与政府、媒体等保持开放沟通。

资料来源:公司简介[EB/OL].(2019-3-10)[2020-03-20]https://www.huawei.com/cn/about-huawei/corporate-information.

(二)问题思考

(1)华为公司面临什么样的内外部环境?

(2)华为公司应该做出怎样的战略选择?

(三)要点分析

1. 华为公司外部环境分析

1)宏观环境分析

(1)政治环境方面。从全球政治大环境来看,全球经济一体化对我国经济的影响越来越大,而且各国出于政治利益的考虑,各种贸易壁垒将长期存在。此外,国际环境中的不稳定因素在增加,国际竞争更加激烈,贸易保护主义趋于强化。纵观华为公司面对的国内形势,和平、发展、合作已经成为当今时代的潮流,全球经济一体化趋势愈加凸显。这些政治环境因素将有利于华为公司集中精力加快发展经济,更好地利用国内外两个市场,两种资源。

(2)经济环境方面。随着世界信息经济和互联网产业的迅猛发展,社会经济结构、产业结构进一步调整,为华为公司提供了难得的发展机遇和巨大的发展空间,使其成为目前发展速度最快的企业之一。

(3)社会环境方面。近年来,我国通信业发展规模持续壮大,新兴信息网络产业初具规模,信息服务普惠城乡居民,在推动经济发展方式加快转变、服务经济社会发展和提升社会信息化水平中发挥了重要作用。这一社会环境为我国的通信业包括设备制造商和电信运营商在内的相关产业链提供了较好的发展契机。

(4)技术环境方面。随着数字化时代的真正来临,掌握核心技术才能掌握数字经济的主动权。华为公司通过漫长的技术积累,在5G领域确立了领导地位,在芯片和操作系统领域不断取得进步,逐步形成了基于"鲲鹏"系列芯片和"鸿蒙"操作系统的数字经济生态链。

2) 外部机遇与威胁分析

(1) 外部机遇。首先,华为公司处在一个快速增长、有着巨大市场的通信设备行业中,通信设备制造行业有着丰厚的超额利润。其次,近年来,发达国家的经济发展趋缓,"中国制造"产品大大走俏,这有利于华为公司在欧美市场份额的进一步提高。最后,华为公司近几年开始进入高端手机市场,并在政府的众多扶持政策下逐步获得了较高的市场地位。

(2) 外部威胁。在资本市场上,人民币升值、通胀的压力影响了华为公司的竞争力。华为公司目前的销售收入超过75%来自海外,如果人民币持续升值,必将削减华为公司的竞争力。此外,华为公司面临的外部威胁还表现在来自竞争对手的联合打压方面。特别是"孟晚舟事件",凸显了国际市场竞争对手的联合打压是不会有任何缓和空间的。因此,如果华为公司准备不足的话,其生存和发展将面临困境。

2. 华为公司内部环境分析

(1) 内部优势。华为公司特有的不可复制的核心竞争力包括:①研发能力和产品差异性;②"狼性"企业文化,执行力强;③产品性价比高、交付快。此外,华为公司还拥有最为全面的通信设备制造产品线,为用户提供最完整的产品整体解决方案和"一站式"服务,消除不同设备的兼容性问题,提高设备利用率,节省调试时间,从而为用户创造价值。

(2) 内部劣势。华为公司的产品有民族品牌的共性问题,具体表现为:①品牌价值的提升难度较大,在高端市场得不到认可;②研发基础薄弱,改进型创新多,原创型创新少;③营销模式单一,与国际市场差距明显。

3. 华为公司发展战略选择与制定

随着5G、人工智能等新技术的不断突破和广泛应用,信息与通信行业正在从一个垂直行业演变成全社会的平台性产业,并驱动着新一轮科技革命,发展空间广阔。通过对内外部环境的分析,华为公司确立了市场主导战略、核心技术战略、国际化战略,正逐步发展成为全球领先的信息与通信行业基础设施和智能终端提供商。

在市场主导战略方面,华为公司基于"鲲鹏"系列芯片为用户提供了"泰山"服务器和鲲鹏云服务,并围绕鲲鹏相关的产品和服务构筑软件生态,持续在操作系、编译器和工具链、基础软件和中间件等方面大力投入,与合作伙伴共同持续发展。据高德纳咨询公司预测,到2023年,服务器与部件市场规模将达到4 121亿元,行业应用规模将达到1 920亿元。此外,华为公司还通过联合运营商、企业、消费者等生态伙伴进行开放式创新,围绕客户商业场景,参与构建开放平台和商业联盟,为客户快速提供适配需求的解决方案,帮助客户构筑数字化领先优势。

在核心技术战略方面,华为公司不断积累的技术优势使其在5G、人工智能等领域不断突破,打破了国际市场的技术壁垒。同时,华为公司还在各类产业组织中积极贡献,加入了 400 多个标准组织、产业联盟、开源社区,并在其中发挥了加速产业发展、做大产业空间的重要作用。

在国际化战略方面,华为公司确立了全球领先信息与通信行业基础设施和智能终端提供商的地位,与全球多个国家的政府合作,携手产业合作伙伴共同为各国产业数字化转型贡献力量,运用各种新技术促进各国经济发展。

4. 华为公司发展战略改进建议

华为公司在跻身全球电信设备厂商前列的同时,也使整个电信设备制造市场从高利润时代步入微利时代,使电信运营商采购设备的成本大大降低。但在打败对手的同时,华为公司也把自己带入了一个不得不面对的境地:如何在日趋激烈的竞争中生存。在全球经济一体化的今天,随着市场经济的不断发展和外资企业的大量涌入,我国通信市场在走向成熟的过程中将面临激烈的竞争。如何在危机下求生存,如何在竞争中求发展,如何迅速地占领市场主导地位并提高自己的市场竞争力,这些问题迫使华为公司必须重视企业战略的管理和企业发展战略的选择与制定。

鉴于此,华为公司应当继续实施高层人才战略,不能过度依赖创业领袖,应该培养职业经理人执掌高层管理岗位;同时,应加强与同行业企业的合作以节省研发成本,与同行业企业组成联合体以避免打价格战;此外,应采取人性化管理,更多考虑员工作为一名社会人的其他需要。

三、实训演练

(一) 苏宁易购 SWOT 分析实训

1. 案例阅读

苏宁易购集团股份有限公司(以下简称苏宁易购)是中国领先的 O2O 智慧零售商,2018 年,苏宁易购再次跻身《财富》杂志 2018 年全球财富 500 强榜单。

2018 年,苏宁易购全渠道销售额高达 3 367 亿元,同比增长 38.39%,归属于上市公司股东的净利润为 133.28 亿元,同比增长 216.38%。同时,苏宁易购继续保持双线高增长的态势,聚焦物流、金融业务发展,构建全场景智慧零售生态系统,形成面向用户的核心服务能力。

苏宁易购在互联网、物联网、大数据时代持续推进智慧零售和线上线下融合战略——全品类经营、全渠道运营、全球化拓展,开放物流云、数据云和金融云,通过门店端、电脑端、移动端和家庭端协同,实现无处不在的一站式服务体验。

截至 2018 年年底,苏宁易购的线下连锁网络覆盖海内外,包括苏宁易购广场、苏宁云店、苏鲜生、苏宁红孩子、苏宁极物、苏宁汽车超市、苏宁易购直营店、苏宁小店等多种业态,自营创新互联网门店和网点超 11 000 家,稳居国内线下连锁行业前列;苏宁易购的线上网络通过自营、开放和跨平台运营跻身中国 B2C 市场前三。

此外,苏宁物流专业从事仓储、配送等供应链全流程服务,致力于打造中国商业领域最具效率的消费品仓储服务和智慧物流服务平台。截至 2018 年 12 月,苏宁物流及天天快递拥有仓储及相关配套总面积 950 万平方米,拥有快递网点 27 444 个,配送网络覆盖全国 351 个地级城市、2 858 个区县。

展望未来,苏宁易购将继续深化推进"科技苏宁,智慧服务"战略,本着"百年苏宁,全球共享"的愿景和"输出能力,链接资源,构筑平台,合作共赢"的经营理念,与各领域合作伙伴携手合作,共同开拓全球市场,打造科技化、国际化、多元化的新苏宁。

资料来源:公司概况[EB/OL].(2019-02-03)[2020-03-20]http://www.suning.cn/cms/aboutCompany/1795.html.

2. 实训要求

(1) 分析苏宁易购企业愿景、使命和目标的制定情况。

(2) 了解苏宁易购的战略管理过程。

(3) 对苏宁易购进行 SWOT 分析。

(二) 泛美航空公司:"航空帝国"的陨落战略分析实训

1. 案例阅读

在航空业长达百年的历程中,唯一能称得上"帝国型"的航企就是泛美航空公司。泛美航空公司是美国一家航线最广、历史最久的航空公司,航空界的"航空沙皇"胡安·特里普一手将泛美航空公司带上巅峰之位,然而在他交出权杖之后,公司开始走下坡路,最终成为历史长河中的沧海一粟。

1927 年,美国的航空业还处于初创时期,泛美航空公司也在这一年创建。20 世纪 30 年代初,泛美航空公司首次开通了横越太平洋的航线,从此声名鹊起。到 20 世纪 40 年代后期,泛美航空公司已经成为世界上最大的航空公司之一,具备了全球航运的能力。第二次世界大战期间,泛美航空公司与政府密切合作,取得了迅速的发展。

1980 年,泛美航空公司进行技术改造,淘汰了老旧费油的 20 架波音 707 客机,更替为洛克希德制造的 L1101-500 型宽体客机。但就在此时,与波音 707 性能相似但成本更低的新型飞机纷纷上市,如麦道公司的 MD80、波音公司的波音 757、波音 B767 等。相比之下,L1101-500 型飞机的单位飞行成本明显比其他新机型高得多,泛美航空公司为此后悔不迭。为了摆脱困境,泛美航空公司不得不抛售一些贵重的非空运财产。尽管采取了"拆东墙补西墙"的办法,但是泛美航空公司在1988年美国8家最大的民航公司排名中仍位居最后。

1990年7月,美国经济开始衰退并接着爆发了海湾战争,美国所有航空公司的生意开始清淡,其中泛美航空公司的经营状况更是每况愈下,于1991年12月4日宣告破产,成为该年倒闭的第三个美国民航公司。

资料来源:乔善勋.泛美航空:"航空帝国"的陨落——航空大败局2[EB/OL].(2016-10-15)[2020-03-20].http://blog.sina.com.cn/s/blog_60a99a9f0102wb5r.html.

2. 实训要求

(1) 请问泛美航空公司陨落的原因是什么?

(2) 阅读上述案例,分析泛美航空公司对我国航空企业的启示。

(三) 战略变革分析实训

1. 案例阅读

据《史记·鹖冠子》记载,魏文王问扁鹊:"子昆弟三人其孰最善为医?"扁鹊曰:"长兄最善,中兄次之,扁鹊最为下。"魏文王曰:"可得闻邪?"扁鹊曰:"长兄于病视神,未有形而除之,故名不出于家。中兄治病,其在毫毛,故名不出于闾。若扁鹊者,镵血脉,投毒药,副肌肤,闲而名出闻于诸侯。"

从上述对话中可以看出,扁鹊认为,"治未病"者才是良医。

2. 实训要求

(1) 简述战略变革三种时机的概念。

(2) 根据上述案例,分析"长兄最善,中兄次之,扁鹊最为下"影射的战略变革时机类型。

四、延伸阅读与拓展思考

(一) 延伸阅读:格力公司的崛起

珠海格力电器股份有限公司(以下简称格力公司)成立于1991年,并于1996年11月在深圳证券交易所挂牌上市。格力公司成立初期,主要业务为组装生产家用空调,现已发展成为多元化、科技型的全球工业集团,产品覆盖空调、生活电器、高端装备、通信设备等领域,产品远销160多个国家和地区。

格力公司现有90 000多名员工,其中有14 000名研发人员和30 000多名技术工人;在国内外建有14个生产基地,分别坐落于珠海、重庆、合肥、郑州、武汉、石家庄、芜湖、长沙、杭州、洛阳、南京、成都以及巴西、巴基斯坦;同时建有长沙、郑州、石家庄、芜湖、天津 5 个再生资源基地,覆盖从上游生产到下游回收全产业链,实现了绿色、循环、可持续发展。格力公司现有制冷技术研究院、机电技术研究院、家电技术研究院、新能源环境技术研究院、健康技术研究院、通信技术研究院、智能装备技术研究院、机器人研究院、数控机床研究院、物联网研究院、装备动力技术研究院、电机系统技术研究院、洗涤技术研究院、冷冻冷藏技术研究院、建筑环境与节能研究院 15 个研究院,共有 96 个研究所、929 个实验室、2 个院士工作站(电机与控制、建筑节能),并拥有国家重点实验室、国家工程技术研究中心、国家级工业设计中心、国家认定企业技术中心、机器人工程技术研发中心各 1 个,同时还是国家通报咨询中心研究评议基地。

格力公司坚持创新驱动,提出研发经费"按需投入、不设上限"战略,仅 2018 年其研发投入就高达 72.68 亿元。经过长期沉淀积累,公司目前申请国内专利 62 116 项,其中包括 30 380 项发明专利和 1 970 项国际专利,在 2018 年国家知识产权局发明专利授权量排行榜中位列全国第六、家电行业第一;拥有 24 项"国际领先"技术,获得国家科技进步奖 2 项、国家技术发明奖 1 项、中国专利奖金奖 4 项。据日本经济新闻社发布的空调品类市场调查结果,2018 年,格力家用空调全球市场占有率达 20.6%。

格力公司坚持质量为先,恪守诚信经营的宗旨,以客户需求为导向,严抓质量源头控制和体系建设,努力实现"零缺陷、零售后"的目标追求。据中国标准化研究院统计,自 2011 年以来,格力公司的顾客满意度、忠诚度连续 8 年保持行业第一。2018 年,格力公司荣获第三届"中国质量奖"。

格力公司坚持转型升级,落实供给侧结构性改革,调整优化产业布局,积极推进智能制造升级,努力实现高质量发展。2013 年起,格力公司相继进军智能装备、通信设备、模具等领域,已经从专业空调生产延伸至多元化的高端技术产业。目前,格力公司生产的智能装备不仅为自身自动化改造提供先进设备,同时也为家电、汽车、食品、3C 数码、建材卫浴等众多行业提供服务。经过一系列的改革和调整,格力公司的人均产值从 2012 年的 91.2 万元跃升至 2018 年的 149.6 万元。

2018 年,格力公司营业总收入为 2 000.24 亿元,净利润为 262.03 亿元,纳税 160.23 亿元,实现纳税额连续 12 年位居家电行业第一。2019 年上半年,格力公司营业总收入为 983.41 亿元,较上年同期增长 6.89%;净利润为 137.50 亿元,较上年同期增长 7.37%。

格力公司坚持以习近平新时代中国特色社会主义思想为指引,不忘初心、牢记使命,坚守实体经济,坚持走自力更生、自主创新的发展道路,加快实现管理信息化、生产自动化、产品智能化,继续引领全球暖通行业技术发展,在智能装备、通信设备、模具等领域持续发力,创造更多的领先技术,不断满足全球消费者对美好生活的向往,在智能化时代扬帆再启航,谱写新篇章!

资料来源:珠海格力电器股份有限公司简介[EB/OL].(2019-12-12)[2020-03-20]http://www.gree.com/pczwb/gygl/qyjj/20191212/detail-17935.shtml.

(二)拓展思考

格力公司从一个年产值不到 2 000 万元的小厂发展为多元化、国际化的工业集团,并完成了品牌形象的塑造,其战略是如何实现的?

第三章 预算管理

实训目的

通过本章实训,学生应理解弹性预算法、零基预算法、滚动预算法、固定预算法、增量预算法及定期预算法的特点与编制依据,掌握销售预算、生产预算、直接材料预算、直接人工预算、制造费用预算、产品成本预算、管理费用预算、现金预算以及预计利润表和预计资产负债表的编制方法。

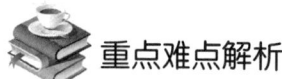

重点难点解析

本章的重点是学习销售预算、生产预算、直接材料预算、直接人工预算、制造费用预算、管理费用预算、现金预算以及预计利润表和预计资产负债表的编制方法。

本章的难点是掌握滚动预算法、零基预算法、弹性预算法、固定预算法、增量预算法及定期预算法等预算工具的特征及适用范围。

一、知识链接

(一)预算和预算管理的概念

预算是企业在预测、决策的基础上,以数量和金额的形式反映的企业未来一定时期内经营、投资、财务等活动的具体计划,是为实现企业目标而对各种资源和企业活动的详细安排。

预算管理是指企业以战略目标为导向,对未来一定期间内的经营活动和相应的财务结果进行预测和筹划,科学、合理地配置企业各项财务和非财务资源,并对执行过程进行监督和分析,对执行结果进行评价和反馈,指导经营活动的改善和调整,进而推动企业实现战略目标的管理活动。

(二) 预算的特征

(1) 预算必须与企业的战略或目标保持一致。

(2) 数量化和可执行性是预算最主要的特征,是将企业活动导向预定目标的有力工具。

(三) 预算的作用

(1) 预算可以通过引导和控制经济活动,使企业经营达到预期目标。

(2) 预算可以实现企业内部各个部门之间的协调。

(3) 预算可以作为业绩考核的标准。

(四) 预算的分类

企业预算可以按不同标准进行多种分类,如表 3-1 所示。

表 3-1 预算分类

分类标准	类型	含义	内容
根据内容分类	经营预算	指与企业日常经营活动直接相关的经营业务的各种预算	包括销售预算、生产预算、直接材料预算、直接人工预算、制造费用预算、产品成本预算和管理费用预算
	专门决策预算	指企业不经常发生的、一次性的重要决策预算	如资本支出预算
	财务预算	指企业在计划期内反映有关预计现金收支、财务状况和经营成果的预算	包括现金预算、预计利润表和预计资产负债表等内容
根据预算指标覆盖的时间长短分类	短期预算	通常指预算期在 1 年以内(含 1 年)的预算	一般情况下,企业的经营预算和财务预算多为 1 年期的短期预算,年内再按季或月细分,而且预算期间往往与会计期间保持一致
	长期预算	指预算期在 1 年以上的预算	如专门决策预算

（五）预算工作的组织机构

预算工作的组织机构一般包括决策层、管理层、执行层三个层级，每一层级中各机构的具体任务、权利和职责如表 3-2 所示。

表 3-2　预算工作的组织机构

组织机构	具体任务、权利和职责
董事会、经理办公会或类似机构（决策层）	对企业预算工作负总责，并对企业法定代表人负责
预算委员会或财务管理部门（管理层）	拟订目标，审议、平衡预算方案，组织下达预算，协调解决问题，组织审计、考核等
财务管理部门（管理层）	跟踪管理，监督执行，分析差异及原因，提出改进管理的意见与建议
企业内部各职能部门（执行层）	主要负责人参与企业预算委员的工作，并对本部门预算执行结果承担责任
企业所属基层单位（执行层）	主要负责人对本单位财务预算的执行结果承担责任

（六）预算工具

在预算管理中，企业应根据自身战略规划、业务特点和管理需要，结合不同工具方法的特征及适用范围，选择使用一种合适的预算管理工具，也可以综合运用两种或两种以上的工具。预算工具按不同特征有不同分类，如图 3-1 所示。

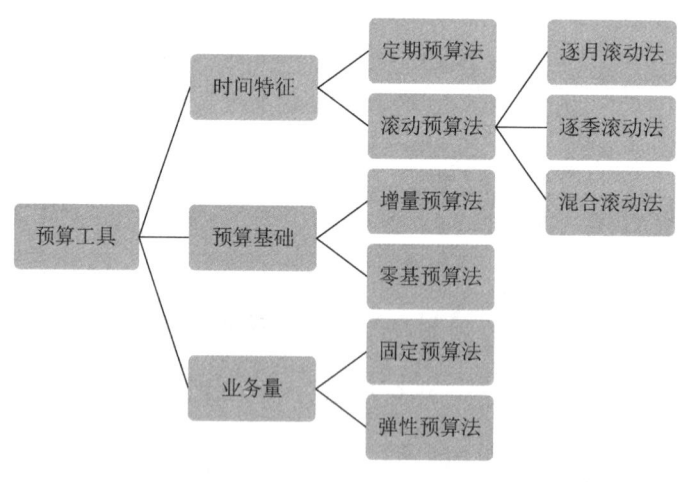

图 3-1　预算工具分类示意图

1. 定期预算法与滚动预算法

定期预算法是指以会计年度为单位编制各种预算的一种预算编制方法。其优点是能够使预算期间与会计期间相对应,便于将实际数与预算数进行对比,也有利于对预算执行情况进行分析和评价;缺点是固定以1年为预算期,在执行了一段时期之后,管理人员往往只考虑剩下几个月的业务量,缺乏长远打算,从而导致一些短期行为的出现。

滚动预算法是指企业根据上一期预算执行情况和新的预测结果,按既定的预算编制周期和滚动频率,对原有的预算方案进行调整和补充,逐期滚动、持续推进的一种预算编制方法。其优点是能够保持预算的持续性,有利于结合企业近期目标和长期目标考虑未来的业务活动,随时间的推进不断加以调整和修订,能使预算结果更贴近与实际情况,有利于充分发挥预算的指导和控制作用。滚动预算法根据预算滚动的时间单位不同分为逐月滚动法、逐季滚动法和混合滚动法,如表3-3所示。

表3-3　滚动预算法的分类

分类	含义	特点
逐月滚动法	逐月滚动法是指在预算编制过程中,以月份为预算的编制和滚动单位,每个月调整一次预算的方法	编制的预算比较精确,但工作量比较大
逐季滚动法	逐季滚动法是指在预算编制过程中,以季度为预算的编制和滚动单位,每个季度调整一次预算的方法	比逐月滚动工作量小,但精确度较差
混合滚动法	混合滚动法是指在预算编制过程中,同时以月份和季度作为预算的编制和滚动单位的方法	对近期的预计把握较大,对远期的预计把握较小

2. 增量预算法与零基预算法

增量预算法又称调整预算法,是指以基期成本费用水平为基础,结合预算期业务量水平及有关影响成本因素的未来变动情况,调整原有费用项目编制预算的一种预算编制方法。其缺点是可能导致无效费用开支项目无法得到有效控制,即可能使原来不合理的费用继续开支而得不到控制,形成不必要开支合理化,造成预算上的浪费。

增量预算法遵循如下三个假定。

(1)企业现有业务活动是合理的,不需要进行调整。

(2)企业现有各项业务的开支水平是合理的,在预算期内予以保持。

(3)以现有业务活动和各项活动的开支水平,确定预算期内各项活动的预算数。

零基预算法是指企业不以历史期经济活动及其预算为基础,而以零为起点,从实际需要出发分析预算期经济活动的合理性,经综合平衡形成预算的一种预算编制方法。其编制程序如图3-2所示。

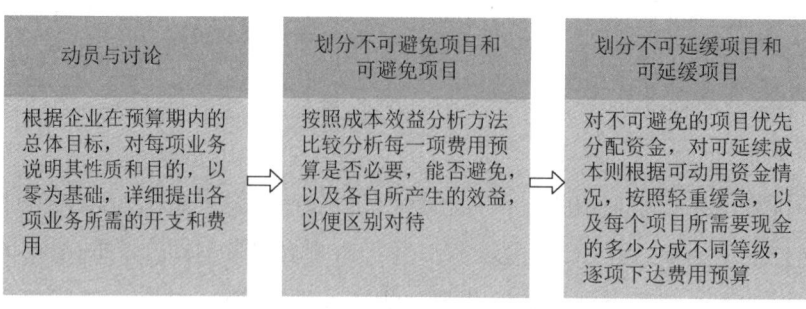

图 3-2 零基预算法的编制程序

零基预算法具有以下四个优点。

（1）不受现有费用项目的限制。

（2）不受现行预算的束缚。

（3）能够调动各方面节约费用的积极性。

（4）有利于促使各基层单位精打细算，合理使用资金。

零基预算法的缺点是编制工作量大。

3. 固定预算法与弹性预算法

固定预算法又称静态预算法，是指在编制预算时，只根据预算期内正常的、可实现的某一固定业务量（如生产量、销售量）水平作为唯一基础来编制预算的一种预算编制方法。固定预算法的缺点是适应性差、可比性差。

弹性预算法是相对于固定预算法的一种预算编制方法，是指企业在分析业务量与预算项目之间数量依存关系的基础上，分别确定不同业务量及其相应预算项目所消耗资源的一种预算编制方法。弹性预算法的特点包括：①弹性预算法是按一系列业务量水平编制的，从而扩大了预算的适用范围；②弹性预算法是按成本性态分类列示的，在预算执行中可以计算一定实际业务量的预算成本，便于评价和考核预算的执行情况。弹性预算法的编制步骤如图 3-3 所示。

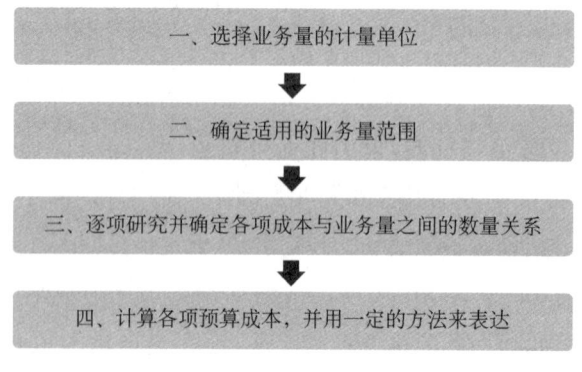

图 3-3 弹性预算法的编制步骤

弹性预算法又分为公式法和列表法。

公式法的优点是便于在一定范围内计算任何业务量的预算成本,可比性和适应性强;缺点是按公式法进行成本分解比较麻烦,必须对每个费用子项目甚至细目逐一进行成本分解,工作量很大。另外,在实践中,对于阶梯成本和曲线成本,我们只能先用数学方法将其修正为直线成本,然后才能应用公式法;必要时,还需在备注栏中说明适用不同业务量范围的固定费用和单位变动费用。

列表法的优点是不管实际业务量多少,不必经过计算即可找到与业务量相近的预算成本;混合成本中的阶梯成本和曲线成本,可按总成本性态模型计算填列,不必用数学方法将其修正为近似的直线成本。但是,运用列表法编制预算,在评价和考核实际成本时,往往需要使用插补法来计算实际业务量的预算成本,比较麻烦。

弹性预算法适用于编制全面预算中所有与业务量有关的预算,但实务中主要用于编制成本费用预算和利润预算,尤其是成本费用预算。

(七) 预算的编制

在实践中,预算管理的内容主要涉及经营预算、专门决策预算和财务预算,如图 3-4 所示。

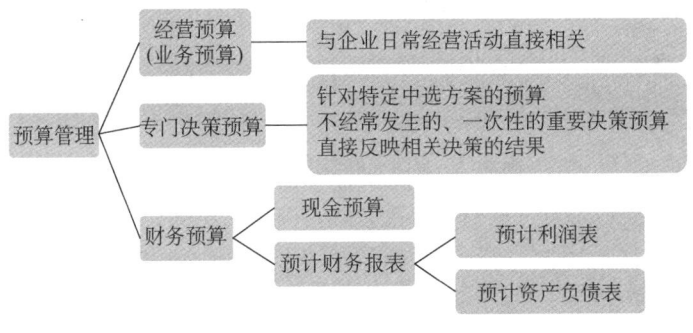

图 3-4　预算管理的内容

1. 经营预算的编制

经营预算的编制内容包括编制销售预算、生产预算、直接材料预算、直接人工预算、制造费用预算、产品成本预算、管理费用预算等。

1) 销售预算

销售预算是整个经营预算的编制起点,也是编制其他有关预算的基础,其编制要点如图 3-5 所示。

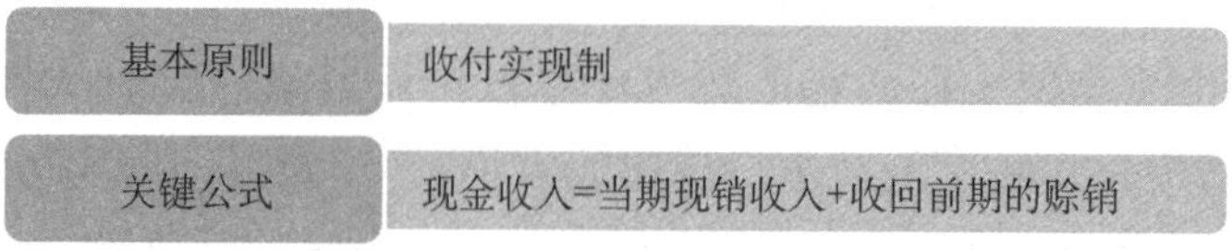

基本原则	收付实现制
关键公式	现金收入=当期现销收入+收回前期的赊销

图 3-5　销售预算的编制要点

2）生产预算

生产预算是唯一只使用实物量指标的预算,只涉及实物量指标,不涉及价值量指标,其编制要点如图 3-6 所示。

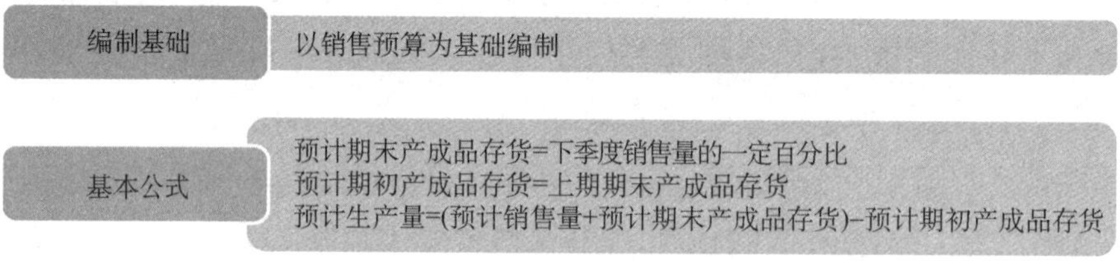

编制基础	以销售预算为基础编制
基本公式	预计期末产成品存货=下季度销售量的一定百分比 预计期初产成品存货=上期期末产成品存货 预计生产量=(预计销售量+预计期末产成品存货)-预计期初产成品存货

图 3-6　生产预算的编制要点

3）直接材料预算

直接材料预算的编制以生产预算为基础,其编制要点如图 3-7 所示。

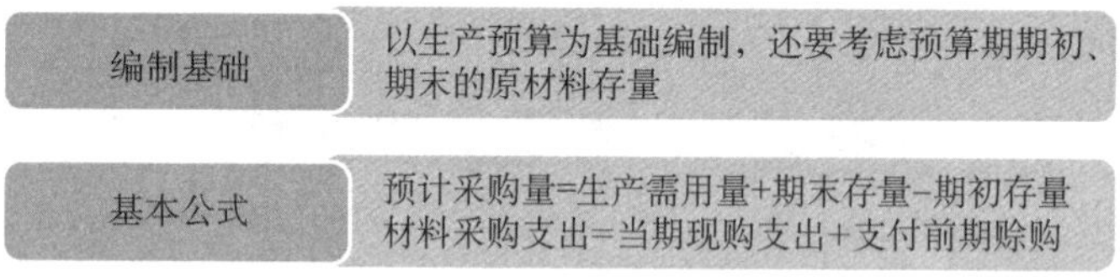

编制基础	以生产预算为基础编制,还要考虑预算期期初、期末的原材料存量
基本公式	预计采购量=生产需用量+期末存量-期初存量 材料采购支出=当期现购支出+支付前期赊购

图 3-7　直接材料预算的编制要点

4）直接人工预算

直接人工预算是一种既反映预算期内人工工时消耗水平,又规划人工成本开支的经营预算,其编制基础为生产预算。

5）制造费用预算

制造费用预算是除直接材料和直接人工以外的其他制造费用项目的经营预算,按成本性态可分为变动制造费用预算和固定制造费用预算。其中,变动制造费用预算以生产预算为基础来编制;固定制造费用预算需要逐项进行预计,通常与本期产量无关,可先按各期生产需要的情况加以预计,然后求出全年数。由于固定制造费用与生产量之间不存在线性关系,其预算的编制通常是在上年实际水平的基础上进行适当调整。此外,相关人员在编制制造费用预算时,应注意制造费用中的非付现费用,如折旧费在计算现金支出时应予以扣除。

6) 产品成本预算

产品成本的主要内容是产品的单位成本和总成本,其预算编制基础是销售预算、生产预算、直接材料预算、直接人工预算和制造费用预算的汇总。

7) 管理费用预算

管理费用多属于固定成本,所以其预算编制一般是以过去的实际开支为基础,按预算期的可预见变化来调整。

2. 专门决策预算的编制

专门决策预算主要是长期投资预算,又称资本支出预算,通常是指与项目投资决策相关的专门预算。它往往涉及长期建设项目的资金投放与筹集,并经常跨越多个年度。

专门决策预算的编制特点是准确反映项目资金投资支出与筹资计划,它同时也是编制现金预算和预计资产负债表的依据,其编制依据为:①项目财务可行性分析资料;②企业筹资决策资料。

3. 财务预算的编制

财务预算的内容包括现金预算和预计财务报表,其编制内容包括编制现金预算和预计财务报表,如图 3-8 所示。

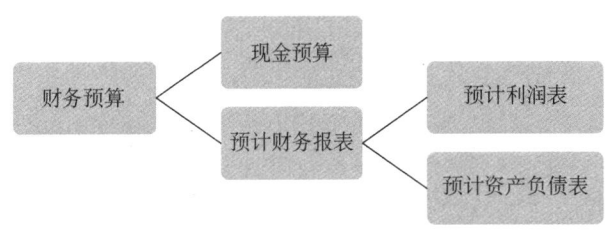

图 3-8 财务预算的内容

1) 现金预算的编制

现金预算是反映预期内企业现金流转状况的预算,其编制要点如图 3-9 所示。

2) 预计利润表的编制

预计利润表可以综合反映企业在计划期的预计经营成果,其编制基础是经营预算、专门决策预算和现金预算。

3) 预计资产负债表的编制

预计资产负债表可以反映企业在计划期末预计的财务状况。相关人员在编制预计资产负债表时,应以计划期开始日的资产负债表为基础,并结合计划期间经营预算、专门决策预算、现金预算和预计利润表进行编制。它是编制全面预算的终点。

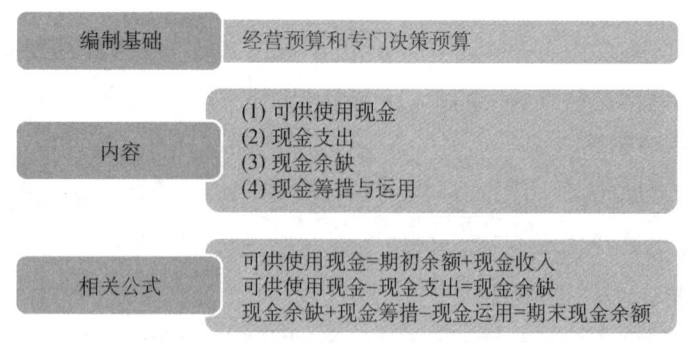

图 3-9　现金预算的编制要点

（八）预算的应用程序

企业预算管理工具方法的应用程序一般包括预算编制、预算执行、预算考核，如图 3-10 所示。

1. 预算编制

企业一般按照分级编制、逐级汇总的方式，采用自上而下、自下而上、上下结合或多维度相协调的流程编

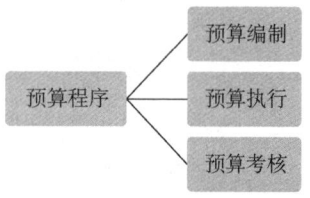

图 3-10　预算程序示意图

制预算。预算编制完成后，相关人员应按照相关法律法规及企业章程的规定报经企业预算管理决策机构审议批准，并以正式文件形式下达执行。

2. 预算执行

预算执行一般包括预算控制、预算调整等程序，是指企业以预算为标准，通过预算分解、过程监督、差异分析等促使日常经营不偏离预算标准的管理活动。

年度预算经批准后，原则上不做调整，企业应在制度中严格明确预算调整的条件、主体、权限和程序等事宜，但当内外部战略环境发生重大变化或突发重大事件等导致预算编制的基本假设发生重大变化时，可进行预算调整。对于预算执行单位提出的预算调整事项，企业进行决策时一般应当遵循以下要求：①预算调整事项不能偏离企业发展战略；②预算调整方案应当在经济上能够实现最优化；③预算调整重点应当放在财务预算执行中出现的重要的、非正常的、不符合常规的关键性差异方面。

3. 预算考核

预算考核主要针对定量指标进行考核，是企业绩效考核的重要组成部分。预算考核主体和考核对象的界定应坚持上级考核下级、逐级考核、预算执行与预算考核岗位相分离的原则。

（九）预算的应用环境

企业实施预算管理的应用环境包括战略目标、业务计划、组织架构、内部管理制度、信息系统等，如图 3-11 所示。企业应按照战略目标和业务计划确立预算管理的方向、重点和目标，并将战略目标和业务计划具体化、数量化。

企业可设置预算管理委员会等专门机构组织、监督预算管理工作。该机构的主要其职责包括：审批公司预算管理制度、政策；审议年度预算草案或预算调整草案并报董事会等机构审批；监控、考核本单位的预算执行情况并向董事会报告；协调预算编制、

图 3-11　预算的应用环境示意图

预算调整及预算执行中的有关问题等。预算管理的机构设置、职责权限和工作程序应与企业的组织架构和管理体制互相协调，保障预算管理中各环节有效衔接、流程顺畅。

企业应建立健全预算管理制度、会计核算制度、定额标准制度、内部控制制度、内部审计制度、绩效考核和激励制度等内部管理制度，夯实预算管理的制度基础，充分利用现代信息技术规范预算管理流程，提高预算管理效率。

二、案例分析

（一）案例介绍：MJ 公司预算编制案例

MJ 公司只生产一种产品，销售单价为 200 元，预算年度内 4 个季度的销售量经测算分别为 300 件、600 件、400 件和 450 件。根据以往的经验，销货款在当季可收回 70%，其余部分将在下一季度收到。预计预算年度第一季度可收回上年第四季度的应收账款 18 000 元。MJ 公司期末存货量为下一季度销售量的 10%，预算年度第一季度期初存货量为 50 件，预算年度期末存货量为 40 件。

假定 MJ 公司所生产的产品只需要一种原材料，单位产品消耗原材料定额为 4 千克，每千克单位成本为 12 元，每季度末的材料存量为下一季度生产用量的 30%，每季度的购料款当季付 60%，其余款项在下一季度支付。预算年度第一季度应付上年第四季度赊购材料款为 6 000 元，估计预算年度期初材料存量为 510 千克，期末材料存量为 500 千克。MJ 公司在预算期内直接人工工资率均为 5，单位产品的定额工时为 3 小时，并且 MJ 公司以现金支付的直接人工工资均于当期付

款。MJ 公司在预算期内的变动间接制造费用为 31 320 元(其中间接人工 10 000 元、间接材料 8 000 元、水电费 12 000 元、维修费 1 320 元),固定间接制造费用为 46 980 元(其中管理人员工资 12 000 元、维护费 4 980 元、保险费 10 000 元、设备折旧费 20 000 元),其他条件同前。MJ 公司的变动间接制造费用分配率按产量计算,以现金支付的各项间接制造费用均于当期付款。MJ 公司在预算期内的变动销售费用及管理费用总计为 3 500 元,按销售量计算分配率,固定销售及管理费用为 13 600 元。

假定 MJ 公司在第一季度花费 94 000 元购置设备,期末现金余额不得少于 20 000 元,否则将向银行借款 70 000 元,借款利率为年息 10%,第四季度归还借款和利息。MJ 公司 2019 年度每季度预交所得税为 17 500 元,预计预算期期初现金余额为 45 000 元,预算期按季度编制现金预算。

(二)问题思考

(1)编制销售预算表和现金收入预算表。

(2)编制预算年度生产预算表。

(3)编制材料采购预算表及材料采购现金支出预算表。

(4)编制直接人工预算表。

(5)编制间接制造费用现金支出预算表。

(6)编制期末存货预算表及销售成本预算表。

(7)编制销售及管理费用预算表。

(8)编制现金预算表及预计利润表。

(三)要点分析

(1)MJ 公司销售预算和现金收入计算分别如表 3-4 和表 3-5 所示。

表 3-4 MJ 公司销售预算

(2020 年度)

时间 项目	第一季度	第二季度	第三季度	第四季度	全年
预计销售量(件)	300	600	400	450	1 750
销售单价(元)	200	200	200	200	200
预计销售额(元)	60 000	120 000	80 000	90 000	350 000

表 3-5　MJ 公司现金收入计算

（2020 年度）　　　　　　　　　　　单位:元

时间 项目	第一季度	第二季度	第三季度	第四季度	全年
预计销售额	60 000	120 000	80 000	90 000	350 000
收到上季应收销货款	18 000	18 000	36 000	24 000	96 000
收到当季应收销货款	42 000	84 000	56 000	63 000	245 000
现金收入合计	60 000	102 000	92 000	87 000	341 000

（2）MJ 公司生产预算如表 3-6 所示。

表 3-6　MJ 公司生产预算

（2020 年度）　　　　　　　　　　　单位:件

时间 项目	第一季度	第二季度	第三季度	第四季度	全年
预计销售量	300	600	400	450	1 750
加:预计期末存货量	60	40	45	40	40
减:期初存货量	50	60	40	45	50
预计生产量	310	580	405	445	1 740

（3）MJ 公司材料采购预算及材料采购现金支出预算分别如表 3-7 和表 3-8 所示。

表 3-7　MJ 公司材料采购预算

（2020 年度）　　　　　　　　　　　单位:件

时间 项目	第一季度	第二季度	第三季度	第四季度	全年
预计生产量	310	580	405	445	1 740
单位产品材料消耗定额	4	4	4	4	4
生产需要量	1 240	2 320	1 620	1 780	6 960
加:期末存量	696	486	534	500	500
减:期初存量	510	696	486	534	510
材料采购量(千克)	1 426	2 110	1 668	1 746	6 950

表 3-8　MJ 公司材料采购现金支出预算

（2020 年度）　　　　　　　　　　　　　　　　单位:元

时间 项目	第一季度	第二季度	第三季度	第四季度	全年
材料采购量（千克）	1 426	2 110	1 668	1 746	6 950
材料单位成本	12	12	12	12	12
预计材料采购额	17 112	25 320	20 016	20 952	83 400
应付上季赊购款	6 000	6 844.8	10 128	8 006.4	30 979.2
应付本季现购款	10 267.2	15 192	12 009.6	12 571.2	50 040
现金支出	16 267.2	22 036.8	22 137.6	20 577.6	81 019.2

（4）MJ 公司直接人工预算如表 3-9 所示。

表 3-9　MJ 公司直接人工预算

（2020 年度）

时间 项目	第一季度	第二季度	第三季度	第四季度	全年
预计生产量（件）	310	580	405	445	1 740
单位产品工时定额（小时）	3	3	3	3	3
总工时用量（小时）	930	1 740	1 215	1 335	5 220
单位工时工资率（元/小时）	5	5	5	5	5
预计直接人工成本（元）	4 650	8 700	6 075	6 675	26 100

（5）MJ 公司间接制造费用现金支出预算如表 3-10 所示。

表 3-10　MJ 公司间接制造费用现金支出计算

（2020 年度）　　　　　　　　　　　　　　　　单位:元

时间 项目	第一季度	第二季度	第三季度	第四季度	全年
预计生产量（件）	310	580	405	445	1 740
变动间接制造费用现金支出	5 580	10 440	7 290	8 010	31 320
固定间接制造费用	11 745	11 745	11 745	11 745	46 980
折旧	5 000	5 000	5 000	5 000	20 000
间接制造费用现金支出合计	12 325	17 185	14 035	14 755	58 300

（6）MJ 公司期末存货预算及销售成本预算分别如表 3-11 和表 3-12 所示。

表 3-11　MJ 公司期末存货预算

（2020 年度）　　　　　　　　　　　　　　　　　　　　　　　　单位:元

项目	价格标准	用量定额	合计
直接材料	12 元/千克	4 千克	48
直接人工	5 元/工时	3 工时	15
制造费用			45
产品单位成本			108
产品期末存货量（件）			40
产品期末存货成本			4 320

表 3-12　MJ 公司销售成本预算

（2020 年度）　　　　　　　　　　　　　　　　　　　　　　　　单位:元

时间 项目	第一季度	第二季度	第三季度	第四季度	全年
产品单位成本	108	108	108	108	108
预计销售量（件）	300	600	400	450	1 750
销售成本预算	32 400	64 800	43 200	48 600	189 000

（7）MJ 公司销售及管理费用预算如表 3-13 所示。

表 3-13　MJ 公司销售及管理费用预算

（2020 年度）　　　　　　　　　　　　　　　　　　　　　　　　单位:元

时间 项目	第一季度	第二季度	第三季度	第四季度	全年
预计销售量（件）	300	600	400	450	1 750
变动销售及管理费用分配率（元/件）	2	2	2	2	2
变动销售及管理费用现金支出	600	1 200	800	900	3 500
固定销售及管理费用现金支出	3 400	3 400	3 400	3 400	13 600
现金支出总额	4 000	4 600	4 200	4 300	17 100

（8）MJ 公司现金预算及预计利润分别如表 3-14 和表 3-15 所示。

表 3-14 MJ 公司现金预算

（2020 年度）　　　　　　　　　　　　　　　　　　单位:元

时间 项 目	第一季度	第二季度	第三季度	第四季度	全年
期初现金余额	45 000	26 257.8	58 236	86 288.4	45 000
加:现金收入	60 000	102 000	92 000	87 000	341 000
可动用现金合计	105 000	128 257.8	150 236	173 288.4	386 000
减:现金支出					
其中:直接材料	16 267.2	22 036.8	22 137.6	20 577.6	81 019.2
直接人工	4 650	8 700	6 075	6 675	26 100
间接制造费用	12 325	17 185	14 035	14 755	58 300
销售和管理费用	4 000	4 600	4 200	4 300	17 100
购置设备	94 000	0	0	0	94 000
支付所得税	17 500	17 500	17 500	17 500	70 000
现金支出合计	148 742.2	70 021.8	63 947.6	63 807.6	346 519.2
现金结余或不足	(43 742.2)	58 236	86 288.4	109 480.8	39 480.8
筹措资金:向银行借款	70 000	0	0	0	70 000
归还借款	0	0	0	70 000	70 000
支付利息	0	0	0	7 000	7 000
期末现金余额	26 257.8	58 236	86 288.4	32 480.8	32 480.8

表 3-15 MJ 公司预计利润

（2020 年度）　　　　　　　　　　　　　　　　　　单位:元

项 目	金　额
销售收入	350 000
减:销售成本	18 900
销售毛利	161 000
减:销售及管理费用	17 100
营业净利润	143 900
减:财务费用	7 000
利润总额	136 900
减:所得税	70 000
净利润	66 900

三、实训演练

(一)销售预算编制实训

1.案例阅读

甲公司 2020 年的预计销售资料如表 3-16 所示,预计甲公司每季度的销售收入可收回 60%,另外 40% 的现金要到下季度才能收回,2019 年年末的应收账款金额为 6 200 元。

表 3-16　甲公司的预计销售资料

时间\项目	第一季度	第二季度	第三季度	第四季度	全年
预计销售量(件)	100	150	200	180	630
预计单位售价(元)	200	200	200	200	200

2.实训要求

(1)根据上述资料,编制甲公司 2020 年全年销售预算。

(2)计算甲公司 2020 年年末应收账款金额。

(二)制造费用预算编制实训

1.案例阅读

某公司甲车间采用滚动预算法编制制造费用预算,2020 年分季度的制造费用预算如表 3-17 所示(其中间接材料费用忽略不计)。2020 年 3 月 31 日,该公司在编制 2020 年第二季度至 2021 年第一季度滚动预算时发现,未来将出现以下情况。

(1)间接人工费用预算工时分配率将上涨 10%,即上涨为 4.4 元/小时。

(2)原设备租赁合同到期,公司新签订的租赁合同中设备年租金将降低 20%,即降低为 576 000 元。

(3)2020 年第二季度至 2021 年第一季度预计直接人工总工时分别为51 500 小时、51 000 小时、46 000 小时和 57 500 小时。

表 3-17　甲车间 2020 年制造费用预算　　　　单位:元

时间\项目	第一季度	第二季度	第三季度	第四季度	全年
直接人工预算总工时(小时)	52 000	51 000	51 000	46 000	200 000
变动制造费用					

（续表）

项目＼时间	第一季度	第二季度	第三季度	第四季度	全年
间接人工费用	208 000	204 000	204 000	184 000	800 000
水电与维修费用	130 000	127 500	127 500	115 000	500 000
小计	338 000	331 500	331 500	299 000	1 300 000
固定制造费用					
设备租金	180 000	180 000	180 000	180 000	720 000
管理人员工资	80 000	80 000	80 000	80 000	320 000
小计	260 000	260 000	260 000	260 000	1 040 000
制造费用合计	598 000	591 500	591 500	559 000	2 340 000

2. 实训要求

根据上述资料，编制该公司甲车间 2020 年第二季度至 2021 年第一季度制造费用预算。

（三）直接材料预算实训

1. 案例阅读

乙公司为增值税一般纳税人，其购销业务适用的增值税税率为 13％，只生产一种产品。该公司相关预算资料如下。

（1）假定乙公司每个季度实现的销售收入（含增值税）均以赊销方式售出，其中 40％在本季度内收回现金，其余 60％要到下一季度收讫（假定不考虑坏账因素），部分与销售预算有关的数据如表 3-18 所示。

表 3-18　乙公司销售预算相关数据

单位：元

项目＼时间	第一季度	第二季度	第三季度	第四季度
预计销售收入	＊	80 000	88 000	＊
增值税销项税额	＊	13 600	（D）	＊
预计含税销售收入	93 600	（B）	＊	102 960
期初应收账款	16 640	＊	＊	＊
第一季度销售当期收现额	（A）			
第二季度销售当期收现额		（C）		
第三季度销售当期收现额			＊	
第四季度销售当期收现额				（E）
经营现金收入合计	＊	＊	＊	102 960

注：表中"＊"表示省略的数据。

（2）假定乙公司每个季度所需要的直接材料（含增值税）均以赊购方式采购，其中60%于本季度内支付现金，其余40%到下个季度付讫（假定不存在应付账款到期现金支付能力不足的问题），部分与直接材料采购预算有关的数据如表3-19所示。

表3-19　乙公司材料采购预算相关数据　　　　　　　　单位:元

时间 项目	第一季度	第二季度	第三季度	第四季度
预计材料采购成本	48 000	＊	52 000	＊
增值税进项税额	＊	(G)	8 840	＊
预计含税采购金额合计	(F)	56 160	60 840	61 776
期初应付账款	8 000	＊	(H)	＊
第一季度采购当期支出额	＊			
第二季度采购当期支出额		＊		
第三季度采购当期支出额			36 504	
第四季度采购当期支出额				＊
材料采购现金支出合计	41 696	＊	＊	＊

注:表中"＊"表示省略的数据。

2. 实训要求

（1）根据资料（1）确定表3-18中各字母表示的数值（不需要列示计算过程）。

（2）根据资料（2）确定表3-19中各字母表示的数值（不需要列示计算过程）。

（3）根据资料（1）和资料（2），计算乙公司预算年度应收账款和应付账款的年末余额。

四、延伸阅读与拓展思考

（一）延伸阅读:中国预算制度的历史变迁与现今改革

古代的"国用""国计"是制订财政收支计划的意思。在生产力水平低、财政供需矛盾突出的历史条件下,财政管理者为防止入不敷出,更加重视预算的编制。因为社会财富有限,国家征敛必须控制在人民力所能及的范围内,过分掠夺会导致人民饿死或造反,统治者也就失去了掠夺的对象。这就是说,财政的收支有一个客观的限度,限制着统治者每年制订财政收支计划。《礼记·王制》中强调:"冢宰制国用,必于岁之杪,五谷皆入,然后制国用。用地大小,视年之丰耗,以三十年之通制国用,量入以为出。"这段话的意思是:宰相编制国家预算,在头年粮食收获完毕后才编制第二年的预算,按耕地多少、年成好坏,并参照三十年的收支情况,量入为出。

《周礼·天官冢宰》中讲，"太宰之职，……以九职任万民"（即对民众进行社会分工，使其各有职业），"以九赋敛财贿""以九式均节财用"（即做到九种财政收入和九种财政支出相对应），"凡颁财、以式法授之。关市之赋，以待王之膳服。邦中之赋，以待宾客。四郊之赋，以待稍秣。家削之赋，以待匪颁。邦甸之赋，以待工事。邦县之赋，以待币帛。邦都之赋，以待祭祀。山泽之赋以待丧纪。币余之赋，以待赐予"（即除九赋与九式收支对口以外，其他方面也专款专用），"凡邦国之贡，以待吊用""凡式贡之余财，以共玩好之用""岁终则以货贿之入出会之"（即年终财政收支要核算汇总）。

从以上《周礼·天官冢宰》的记载可以了解到当时国家财政收支的基本内容和管理方式：就收入而言，主要是邦中、四郊、邦甸、家削、都县、邦都的田赋和关市税、山泽税以及诸侯的贡纳收入等；就支出而言，主要用于王室的消费、外交费用和社会救济等；采取收支对口、专款专用的管理方式，有利于各项开支有可靠的来源，避免互相挪用、挤占，这符合当时生产力水平较低条件下的预算要求。

郭沫若对《周礼》研究后指出："当时地方官吏要定期向国王报告政令执行情况和民户税收数字。把一年税收预算数字写在木券上，剖而为二，王执右券，官吏执左券。国王根据右券在年终考核官吏，予以升降，这种制度叫'上计'。上计的主要内容是税收数字，而税收是当时财政的主要来源，所以财政收入的总额是由国王控制的。"至汉代，上计的内容扩大，包括本郡（县）的人户口数、成年男女数、垦田数、赋税等收入和各项财政开支、仓库储存钱数等。郡县有专门负责预决算的上计史，年终，由县到郡再到中央，层层呈递上计报告——上计簿。汉初，张苍为计相，主持上计事务，文帝、景帝、武帝等还亲自听取上计史的汇报，并根据其工作情况给予奖惩，对上计不实、虚造账册的，还专门下诏加以谴责。此外，武帝还将全国分为十三州，由中央派刺史监察地方官吏理财、治民的状况。

西汉初期的统治者鉴于秦代横征暴敛引起农民起义的历史教训，实行"轻徭薄赋，与民休息"的政策。这为以支定收原则的实施创造了条件。

《唐六典》载："一年一造计账，三年一造户籍，县成于州，州成于省，户部总领焉。"这就是说，预算自下而上，层层编制，由户部编制总预算。唐太宗李世民从长治久安出发，提出："赏赐给用，皆有节制，征敛赋税，务在宽简。"

资料来源：陈光焱.中国预算制度的历史变迁与现今改革[J].地方财政研究，2008(5).

（二）拓展思考

成帝责丞相翟方进说："君不量多少，一听群下言，用度不足，奏请一切增赋税。"从国家治理的角度看，你认为预算重要吗？为什么？

第四章　成　本　管　理

实训目的

通过本章实训,学生应掌握标准成本法、变动成本法、作业成本法和目标成本法的原理、计算及应用,能够根据实际情况选择适合的成本管理方法对相关产品成本进行核算。

重点难点解析

本章的重点是掌握标准成本法、变动成本法和作业成本法的原理、计算及应用。

本章的难点是采用标准成本法、变动成本法、作业成本法和目标成本法核算产品成本的过程。

一、知识链接

(一) 标准成本法

1. 标准成本法的概念

标准成本法是指企业以预先制定的标准成本为基础,通过比较标准成本与实际成本计算和分析成本差异、揭示成本差异动因,进而实施成本控制、评价经营业绩的一种成本管理方法。

2. 标准成本法的适用条件

标准成本法一般适用于产品及其生产条件相对稳定或生产流程与工艺标准化程度较高的企业。

3. 标准成本法的应用程序

（1）确定应用对象。

（2）制定标准成本。

（3）实施过程控制。

（4）成本差异计算与动因分析。

（5）标准成本的修订与改进。

4. 标准成本法差异分析

标准成本法差异分析过程如表 4-1 所示。

表 4-1　标准成本法差异分析过程

项目	计算公式	责任归属
直接材料数量差异	（实际数量－标准数量）×标准价格	材料数量差异是在材料耗用过程中形成的,由生产部门负责
直接材料价格差异	实际数量×（实际价格－标准价格）	材料价格差异是在采购过程中形成的,由采购部门负责
直接人工效率差异	（实际工时－标准工时）×标准工资率	效率差异的形成由生产部门负责
直接人工工资率差异	实际工时×（实际工资率－标准工资率）	工资率差异的形成由人力资源部门负责
变动制造费用效率差异	（实际工时－标准工时）×变动制造费用标准分配率	效率差异的形成原因与人工效率差异相同,由生产部门负责
变动制造费用耗费差异	实际工时×（变动制造费用实际分配率－变动制造费用标准分配率）	生产部门有责任将变动制造费用控制在弹性预算限额之内
固定制造费用耗费差异	固定制造费用实际数－固定制造费用预算数	二因素分析法
固定制造费用能量差异	（生产能量－标准工时）×固定制造费用标准分配率	
固定制造费用耗费差异	固定制造费用实际数－固定制造费用预算数	三因素分析法
固定制造费用闲置能量差异	（生产能量－实际工时）×固定制造费用标准分配率	
固定制造费用效率差异	（实际工时－标准工时）×固定制造费用标准分配率	

（二）变动成本法

1. 变动成本法的概念

变动成本法是指企业以成本性态分析为前提条件,将生产过程中消耗的变动生产成本作为产品成本的构成内容,将固定生产成本和非生产成本作为期间成本,直接由当期收益予以补偿的一种成本管理方法。

2. 变动成本法的适用条件

变动成本法适用于以下三种类型的企业。

（1）市场竞争环境激烈,需要频繁进行短期经营决策的企业。

（2）当产品更新换代的速度较快时,分摊计入产品成本中的固定成本比重大的企业。

（3）规模较大,产品或服务的种类多,固定成本分摊存在较大困难的企业。

3. 变动成本法的应用

1）变动成本计算

在变动成本法下,为加强短期经营决策,按照成本的性态,企业的生产成本分为变动生产成本和固定生产成本,非生产成本分为变动非生产成本和固定非生产成本。其中,只有变动生产成本才构成产品成本,包括直接材料成本、直接人工成本和变动制造费用。

2）损益计算

在变动成本法下,损益应按照贡献式损益确定程序计算,先用营业收入补偿本期实现的销售产品的变动成本,从而确定边际贡献总额,再用边际贡献总额减去固定成本总额,就可以得出当期营业利润。其损益计算公式如下:

$$边际贡献总额＝营业收入总额－变动成本总额$$
$$＝销售单价×销售量－单位变动成本×销售量$$
$$＝（销售单价－单位变动成本）×销售量$$
$$＝单位边际贡献×销售量$$
$$当期利润＝边际贡献总额－固定成本总额$$

（三）作业成本法

1. 作业成本法的概念

作业成本法是指企业将资源费用准确分配到产品、服务等成本对象的一种成本计算方法。作业成本法以"作业消耗资源、产出消耗作业"为原则,先按照资源动因将资源费用追溯或分配至各项作业,并计算出作业成本,然后再根据作业动因将作业成本追溯或分配至各成本对象,最终完成成本计算的过程。

2. 作业成本法的适用条件

作业成本法主要适用于作业类型较多且作业链较长,产品、顾客和生产过程多样化程度较高,以及间接或辅助资源费用所占比重较大的企业。

3. 作业成本法的应用程序

(1) 资源识别及资源费用确认与计量。

(2) 成本对象选择。

(3) 作业认定。

(4) 作业中心设计。

(5) 资源动因选择与计量。

(6) 作业成本汇集。

(7) 作业动因选择与计量。

(8) 作业成本分配。

(9) 作业成本信息报告。

(四) 目标成本法

1. 目标成本法的概念

目标成本法是指企业从市场需求出发,在产品开发与设计时设定出符合顾客需求的产品功能、质量、价格等,并根据目标售价及目标利润倒推目标成本,利用源流管理达成各部门、各环节乃至与供应商的通力合作,共同实现倒推出产品目标成本的一种成本管理方法。

2. 目标成本法的适用条件

目标成本法主要适用于成熟制造业企业的产品改造以及产品开发设计中的成本管理。

3. 目标成本法的应用程序

(1) 确定应用对象。

(2) 成立跨部门团队。

(3) 收集相关信息。

(4) 计算市场驱动产品成本。

(5) 设定可实现目标成本。

(6) 分解可实现目标成本。

(7) 落实目标成本责任。

（8）考核成本管理业绩。

（9）持续改善。

4．目标成本法的具体应用

1）目标成本的设定

目标成本的设定过程如表4-2所示。

表4-2 目标成本的设定过程

项目	阐释
计算公式	产品目标成本＝产品竞争性市场价格－产品的必要利润 单位成本＝单位变动成本＋单位固定成本
市场调查	借助市场调查进行产品特性分析，关注顾客对产品性能、质量等方面的需求，平衡产品的功能—价格—成本之间的联动关系，以增加顾客价值
竞争性价格确定	竞争性价格确定需要综合考虑三个因素：顾客可接受的价格；竞争对手的产品价格；目标市场份额
必要利润的确定	必要利润即特定竞争战略下所要求的目标利润，可以用单位利润、成本利润率或必要投资报酬率来表示

2）产品成本持续改善的措施

产品成本持续改善措施如表4-3所示。

表4-3 产品成本持续改善措施

措施	阐释
供应链管理	价值链上所有成员（包括供应商、分销商、服务提供商、顾客等）都应被纳入目标成本管理之中。加强企业与供应商之间的联动，并为供应商降低供货成本提供足够激励。激励供应商的一种普遍做法是企业要让供应商分享因跨组织合作产生成本削减的各种好处（包括信息共享、财务激励等）
生命周期的成本管理	生命周期成本是指新产品或服务在生命周期中所花费的资源总和，包括产品研发和产品设计（上游成本）、产品制造（中游成本）、产品销售和售后服务（下游成本）等各环节所发生的成本费用 从生命周期成本角度看，只有当新产品销售所带来的"营业收入"大于新产品所付出的"生命周期成本"时，新产品销售策略在财务上才是可行的
跨职能的团队合作	跨职能团队一般包括设计中的跨职能团队、制造过程中的跨职能团队、一体化的跨职能团队等。在目标成本管理中，跨职能团队要自始至终地对产品设计和制造的全过程负责

二、案例分析

（一）运用标准成本法核算产品成本

1．案例介绍

某公司本月生产产品2 000件，其产品成本测算结果如表4-4所示。

表 4-4 某公司产品成本测算结果

项目	实际成本	标准成本
单位产品材料耗用量(千克)	4.5	5.5
材料单价(元/千克)	12	10
单位产品人工工时(小时)	2.5	2
小时工资率(元/工时)	9	8.5
变动制造费用分配率(元/工时)	1.2	1

2. 问题思考

根据上述资料,计算该公司产品的直接材料、直接人工及变动制造费用的成本差异,并分析差异形成的原因。

3. 要点分析

1) 直接材料差异分析

(1) 直接材料价格差异＝(12－10)×4.5×2 000＝18 000(元)。

(2) 直接材料数量差异＝(4.5－5.5)×2 000×10＝－20 000(元)。

(3) 直接材料成本差异＝18 000－20 000＝－2 000(元)。

由上述计算可知,由于实际材料单价高于标准成本单价,致使直接材料成本超支 18 000 元,但实际材料使用数量低于标准成本使用数量,节约直接材料成本 20 000 元。因此,最终直接材料成本节约 2 000 元,为有利差异。

2) 直接人工差异分析

(1) 直接人工工资率差异＝(9－8.5)×2 000×2.5＝2 500(元)。

(2) 直接人工效率差异＝(2.5－2)×2 000×8.5＝8 500(元)。

(3) 直接人工成本差异＝2 500＋8 500＝11 000(元)。

由上述计算可知,在实际生产过程中,实际工时超过标准工时,致使直接人工成本超支 8 500 元,实际工资率高于标准工资率,致使直接人工成本超支 2 500 元。因此,最终直接人工成本超支 11 000 元,差异额较大,为不利差异。

3) 变动制造费用差异分析

(1) 变动制造费用耗费差异＝(1.2－1)×2 000×2.5＝1 000(元)。

(2) 变动制造费用效率差异＝(2.5－2)×2 000×1＝1 000(元)。

(3) 变动制造费用成本差异＝1 000＋1 000＝2 000(元)。

由上述计算可知,在实际生产过程中,实际工时超过标准工时,致使变动制造费用超支 1 000 元,实际变动制造费用分配率,高于标准变动制造费用分配率,致使变动制造费用超支 1 000 元。因此,最终变动制造费用超支 2 000 元,为不利差异。

（二）完全成本法和变动成本法对比分析

1. 案例介绍

A公司2018年投产一种产品,年生产能力为1万件。该产品的单位变动成本为1.2万元,固定制造费用总额为5 000万元,每年发生的销售及管理费用为800万元,单位售价为2万元。A公司当年的产量、销量均为3 000件,亏损3 400万元。

2019年,A公司为改善经营状况,董事会决定让张某担任总经理。张某若能让公司扭亏为盈,则可获得提成,提成比率为税前利润的10%。2019年,A公司生产产品1万件,实现销售3 000件,当年盈利100万元。于是,张某顺理成章地拿走了10万元提成。

2. 问题思考

（1）当年盈利100万元是如何得出的?

（2）你认为张某是否应该拿走10万元提成? 为什么?

（3）结合本案例,讨论哪种成本核算方法更适合企业内部管理。

3. 要点分析

（1）2019年,A公司盈利100万元,若采用完全成本法,其利润计算过程如表4-5所示。

表4-5 A公司完全成本法下利润计算表 单位:万元

项目	金额
销售收入	6 000
销售成本	5 100
销售毛利	900
销售及管理费用	800
营业利润	100

（2）张某不应该拿走10万元的提成。采用完全成本法,在单价和成本水平不变的情况下,2019年发生的5 000万元固定制造费用中只有1 500万元(5 000÷10 000×3 000)计入当期损益,剩余的3 500万元固定制造费用由存货吸收并结转到第二年,从而使2019年的成本减少了3 500万元,当年实现盈利100万元。但如果采用变动成本法来计算利润,由于2018年和2019年的销售量相同,所以两个年度的利润也应该相同,即都为亏损3 400万元。

（3）尽管2018年与2019年的销售量、销售单价、单位变动成本和固定制造费用总额均无变化,但是由于两年的产量不同,在完全成本法下,两年的营业利润出现了差异,其主要原因是 2018 年 5 000 万元的固定制造费用全部计入当期损益,而 2019 年由于出现了 7 000 件的期末存货,吸收了当期 3 500 万元的固定制造费用,从而使营业收入增加了 3 500 万元。这很容易引起人们的误解,使人们得出一个"产量越大,利润越高"的错误结论,导致盲目生产、库存积压。这正是完全成本法最大的缺点。如果采用变动成本法,则产量对营业利润没有影响,只有销售量与利润有关,这样才能真正地反映出企业的真实业绩。因此,变动成本法更适合企业内部管理。

(三) 传统成本法和作业成本法对比分析

1. 案例介绍

某企业生产 A、B 两种产品,两种产品的产量和成本情况如表 4-6 所示,其作业成本情况如表 4-7 所示。

表 4-6　某企业 A、B 产品产量和成本情况

项目	A 产品	B 产品
产量(件)	2 000	3 000
单位产品机器工时(小时)	5	5
直接材料单位成本(元)	8	15
直接人工单位成本(元)	12	4
制造费用(元)	19 600	

表 4-7　某企业 A、B 产品作业成本情况

作业名称	成本动因	作业量			作业成本(元)
		A 产品	B 产品	合计	
材料领用	领用次数	6	4	10	5 000
包装	包装份数	80	40	120	4 800
质量检验	检验次数	25	15	40	3 200
设备维护	维护次数	6 000	14 000	20 000	3 000
装卸搬运	搬运次数	50	70	120	3 600
合计					19 600

2. 问题思考

(1) 采用传统成本法,计算 A、B 两种产品应分配的制造费用(按机器工时分配)及单位成本。

(2) 采用作业成本法,计算 A、B 两种产品应分配的制造费用及单位成本。

（3）分析说明两种方法下单位成本产生差异的原因，如果生产成本加成率为20％，其结果是什么？

3. 要点分析

（1）A产品制造费用＝［19 600÷（5×2 000＋5×3 000）］×（5×2 000）
　　　　　　　　　＝7 840（元）。

　　B产品制造费用＝［19 600÷（5×2 000＋5×3 000）］×（5×3 000）
　　　　　　　　　＝11 760（元）。

　　A产品单位成本＝8＋12＋7 840÷2 000＝23.92（元）。

　　B产品单位成本＝15＋4＋11 760÷3 000＝22.92（元）。

（2）A产品承担的作业成本＝5 000÷10×6＋4 800÷120×80＋3 200÷40×
　　　　　　　　　　　　　25＋3 000÷20 000×6 000＋3 600÷120×50
　　　　　　　　　　　　　＝10 600（元）。

　　B产品承担的作业成本＝5 000÷10×4＋4 800÷120×40＋3 200÷40×
　　　　　　　　　　　　　15＋3 000÷20 000×14 000＋3 600÷120×70
　　　　　　　　　　　　　＝9 000（元）。

　　A产品单位成本＝8＋12＋（10 600÷2 000）＝25.3（元）。

　　B产品单位成本＝15＋4＋（9 000÷3 000）＝22（元）。

（3）由以上计算结果可知，在传统成本法下，制造费用按机器工时分配，夸大了B产品的成本；在作业成本法下，由于A产品生产工艺更为复杂，故其应承担更多的制造费用，因此，该方法恰当地反映了各产品成本。

如果生产成本加成率为20％，在传统成本法下，A产品定价偏低，其销售将供不应求，而B产品定价偏高，其销售将不畅；在作业成本法下，由于对A、B产品采取了科学的定价决策，因此，两产品的销售将均为正常状况。

（四）目标成本法与作业成本法对比分析

1. 案例介绍

A公司现拟新投产甲、乙两种产品。2020年年初，A公司召开成本管控专题会议，有关人员发言要点如下。

（1）市场部经理。经市场部调研，甲、乙两种产品的竞争性市场价格分别是210元/件和350元/件，为获得市场竞争优势，甲、乙两种产品的销售价格建议按竞争性市场价格确定，甲、乙产品的单位目标成本建议以12％的产品必要成本利润率确定。

（2）财务部经理。根据传统成本法测算，制造费用按机器工时分配后，甲、乙两种产品的单位生产成本分别为180元和330元；根据作业成本法测算，甲、乙两种产品的单位生产成本分别为 200 元和 300 元。根据甲、乙两种产品的生产特点，公司应按作业成本法提供的成本信息进行决策。

（3）公司发展部经理。产品成本控制应考虑包括产品研发、设计、制造、销售、售后服务等价值链各环节所发生的全部成本。根据公司发展部测算，甲、乙两种产品应分摊的单位上游成本（研发、设计等环节成本）分别为 12 元和 16 元，应分摊的单位下游成本（销售、售后服务等环节成本）分别为 10 元和 15 元（假定不考虑其他因素）。

2．问题思考

（1）根据市场部经理的发言，依据目标成本法，分别计算甲、乙两种产品的单位目标成本。

（2）根据财务部经理的发言，结合产品单位目标成本，指出在作业成本法下哪种产品更具有成本优势，并说明理由。

（3）根据公司发展部经理的发言，结合作业成本法下的单位生产成本，分别计算甲、乙两种产品的单位生命周期成本。

（4）根据三位经理的发言，在不考虑产品必要成本利润率的条件下，结合竞争性市场价格和作业成本法下计算的生命周期成本，分别判断甲、乙两种产品的财务可行性。

3．要点分析

（1）甲产品的单位目标成本＝210÷（1＋12％）＝187.5（元/件）。

乙产品的单位目标成本＝350÷（1＋12％）＝312.5（元/件）。

（2）乙产品更具有成本优势。因为在作业成本法下，甲产品的单位生产成本（200 元/件）大于甲产品的单位目标成本（187.5 元/件），而乙产品的单位生产成本（300 元/件）小于乙产品的单位目标成本（312.5 元/件），所以乙产品更具有成本优势。

（3）甲产品的单位生命周期成本＝200＋12＋10＝222（元/件）。

乙产品的单位生命周期成本＝300＋16＋15＝331（元/件）。

（4）在作业成本法下，甲产品的单位生命周期成本（222 元/件）大于竞争性市场价格（210 元/件），不具有财务可行性；乙产品的单位生命周期成本（331 元/件）小于竞争性市场价格（350 元/件），具有财务可行性。

三、实训演练

（一）标准成本法产品成本核算实训

1．案例阅读

甲公司仅生产和销售 A 产品，采用标准成本法核算产品成本，测算产量为每月 6 000 件,当月实际生产 5 000 件。甲公司实际生产成本和标准生产成本测算结果分别如表 4-8 和表 4-9 所示。

表 4-8 甲公司实际生产成本测算结果

项目	直接材料	直接人工	变动制造费用	固定制造费用
实际生产成本	4 000 元	100 000 元	80 000 元	60 000 元
实际使用量	25 000 千克	5 000 小时	5 000 小时	5 000 小时
实际单位成本	1.6 元/千克	20 元/小时	16 元/小时	12 元/小时

表 4-9 甲公司单位标准生产成本测算结果

项目	用量标准	价格标准
单位直接材料	6 千克/件	1.8 元/千克
单位直接人工	1.4 小时/件	18 元/小时
单位变动制造费用	1.4 小时/件	14 元/小时
单位固定制造费用	1.4 小时/件	10 元/小时

2. 实训要求

(1)计算直接材料的数量差异、价格差异和成本差异。

(2)计算直接人工的人工效率差异、工资率差异和成本差异。

(3)计算变动制造费用的效率差异、耗费差异和成本差异。

(4)计算固定制造费用的耗费差异、能量差异、闲置能量差异、效率差异和成本差异。

(二)完全成本法和变动成本法对比分析实训

1. 案例阅读

某企业仅生产 A 产品,其生产成本和经营数据如表 4-10 所示。

表 4-10 某企业生产成本和经营数据

产品情况:	
产成品存货期初余额(件)	0
本年产量(件)	10 000
本年销售量(件)	8 000
产成品存货期末余额(件)	2 000
单位售价(元)	50

(续表)

单位变动成本:	
直接材料(元)	15
直接人工(元)	10
变动制造费用(元)	5
固定制造费用(元)	50 000
销售和管理费用:	
单位变动费用(元)	3
固定费用(元)	60 000

2. 实训要求

(1) 假设该企业采用完全成本法,计算单位存货成本和A产品的利润。

(2) 假设该企业采用变动成本法,计算单位存货成本和A产品的利润。

(3) 解释两种计算方法下A产品利润差异的原因。

(三) 作业成本法产品成本核算实训

1. 案例阅读

A公司专门生产B、C两种产品,B、C两种产品基本资料如表4-11所示。A公司每年制造费用总额为25 000元,B、C两种产品复杂程度不一样,耗用的作业量也不一样,相关制造费用作业成本的资料如表4-12所示。

表4-11　A公司B、C两种产品基本资料

产品名称	产量(件)	单位产品机器工时(小时)	直接材料单位成本(元)	直接人工单位成本(元)
B产品	800	5	8	12
C产品	4 000	5	15	6

表4-12　A公司B、C两种产品制造费用作业成本资料

作业名称	成本动因	作业量			作业成本(元)
		B产品	C产品	合计	
设备维护	维护次数	5	3	8	8 000
订单处理	订单份数	60	40	100	5 000
机器调整准备	调整准备次数	30	10	40	4 000
机器运行	机器小时	300	1 500	1 800	3 600
质量检验	检验次数	140	80	220	4 400
合计					25 000

2. 实训要求

假设不考虑其他因素,根据上述资料,用作业成本法计算 B、C 两种产品的总成本和单位成本。

(四)目标成本法产品成本核算实训

1. 案例阅读

某公司采用成本加成法核算产品成本,成本利润率为 25%,当前产品单位成本为:直接材料 1 000 元/件,直接人工 2 000 元/件,间接费用 1 200 元/件,销售和管理费用 800 元/件,市场上类似产品的售价为 5 200 元/件。为提高竞争力,公司计划采用目标成本法核算产品成本。

2. 实训要求

(1)按当前采用的成本加成法核算的产品售价是多少?

(2)对该公司而言,应该采用成本加成法还是目标成本法核算其产品成本?为什么?

(3)如果该公司采用目标成本法核算产品成本,在满足市价要求的前提下,为维持现在的成本利润率,其产品的成本应为多少?

(4)如果该公司的成本已无法压缩,那么该公司的成本加成率应变成多少才有竞争力?

四、延伸阅读与拓展思考

(一)延伸阅读:创新成本管理方式,提高企业经济效益

为提高成本管理水平,某企业计划采用作业基础标准成本法对产品成本进行管理,相关管理体系实施过程如下。

(1)为保障作业基础标准成本管理体系顺利推行,结合企业实际,设置标准成本管理内容,如标准材料成本库管理、工时绩效管理和其他制造费用按成本动因分配管理,并建立各级成本中心,设置相应绩效考核目标和方法。

(2)建立标准材料成本库,根据实际情况,设置标准材料成本的公式和步骤,将各工序测算的结果列入标准材料计算表。

(3)设定机台标准工时,详细分析作业动因,建立生产作业与辅助作业动因库,并根据实际测试设定相应的作业工时,再将各作业工时汇总给机台标准工时。

(4)核算产品的标准成本,用 1 个月内实际入库产品标准工时与实际工时的耗用差异衡量相关制造部门人工成本效益,用机台标准工时衡量员工效能。

（5）调整员工的薪资机制，将员工的薪酬结构调整为固定工资、绩效工资和成本节超奖罚三部分。

（6）建立各级成本中心，以便衡量业绩、分清责任。

通过以上管理体系的实施，该企业建立了适用于目前所有不同规格产品的标准数据，建立了相关的制度、流程及统计核算报表；同时，增加了员工的成本节约意识，提高了客户满意度，调动了各成本中心的积极性，提高了企业的产品盈利分析能力和市场竞争力。

资料来源：严建新.企业成本管理中作业基础标准成本法的运用——基于亨通力缆的实践案例[J].知识经济,2018(12).

（二）拓展思考

结合上述案例，谈谈该企业采用作业基础标准成本法进行成本管理的优势，以及此案例给你的启示。

第五章 营运管理

 实训目的

通过本章实训,学生应掌握本量利分析中的关键因素、本量利分析的基本公式、边际贡献法原理、单一品种保本点分析的方法,掌握有关敏感性分析有关因素变动对利润的影响,了解标杆管理思想及内容。

重点难点解析

本章的重点是掌握本量利分析的原理及应用,理解边际分析原理,掌握敏感性分析有关因素变动对利润的影响,了解标杆管理思想及内容。

本章的难点是掌握本量利分析方法及应用,掌握敏感性分析有关因素变动对利润的影响。

一、知识链接

营运管理是指为了实现企业战略和营运目标,各级管理者通过计划、组织、指挥、协调、控制、激励等活动,实现对企业生产经营过程中的物料供应、产品生产和销售等环节的价值增值管理。在实践中,营运管理领域常用的管理会计工具方法主要包括本量利分析、边际贡献分析、保本点分析、保利分析、敏感性分析和标杆管理。

（一）本量利分析

1. 本量利分析的概念

本量利分析是成本—业务量—利润分析的简称，是以成本性态分类为基础，研究企业在一定期间内的成本、业务量、利润等变量之间相互关系的一种专门技术方法。

2. 本量利分析的基本公式

利润＝销售收入总额 － 总成本

$\quad$＝销售收入总额 －（变动成本总额＋固定成本总额）

$\quad$＝销售单价×销售量－（单位变动成本×销售量＋固定成本总额）

3. 本量利分析的用途

本量利分析主要用于保本点的预测、目标销售量或目标销售额的预测、利润预测及利润的敏感性分析、生产决策和定价决策、不确定分析、经营风险分析、全面预算编制、责任会计与业绩评价等。

4. 本量利分析的基本假设

1）成本性态分析假设

成本性态分析假设是指假设本量利分析所涉及的成本因素已区分为变动成本和固定成本两大类。

2）相关范围及线性假设

（1）假设在一定时期和一定的产销业务量范围内，固定成本总额和单位变动成本均保持不变，并使总成本性态模型表现为线性方程。

（2）假设在相关范围内单价保持不变，使销售收入函数为直线方程。

（3）假设总成本函数和收入函数均以同一产销业务量为自变量。

（4）假设在时间和业务量变动的情况下，各生产要素（原材料、工资等）、价格、技术条件、工作效率、市场条件不变。

3）产销平衡和品种结构不变假设

（1）假设企业只安排一种产品的生产，生产出来的产品均能通过市场实现销售，并且自动实现产销平衡。

（2）假设企业生产多种产品，在总产销量发生变化时，各种产品的销售额占全部产品总销售额的比重不变。

（二）边际贡献分析

边际贡献分析是指在固定成本不变的情况下，通过对比各个备选方案边际贡献的大小确定最优方案的一种决策方法。这种方法适用于是否开发新产品的决策、是否接受特殊订货的决策以及是否停产亏损产品的决策等。边际贡献分析的相关指标主要有单位边际贡献、边际贡献总额以及边际贡献率和变动成本率。

1. 单位边际贡献

单位边际贡献是指产品的销售单价减去单位变动成本后的余额。该指标反映产品的盈利能力,也就是每销售一个单位产品为企业提供的毛益。其计算公式如下:

$$单位边际贡献＝销售单价－单位变动成本$$

2. 边际贡献总额

边际贡献总额是指产品的销售收入总额减去变动成本总额后的余额。该指标反映产品为企业营业利润做出的贡献。其计算公式如下:

$$边际贡献总额＝销售收入总额－变动成本总额$$

3. 边际贡献率

边际贡献率是指单位边际贡献占销售单价的百分比,或边际贡献总额占销售收入总额的百分比。边际贡献率是相对指标,反映每百元销售额为企业提供的边际贡献金额。其计算公式如下:

$$边际贡献率＝\frac{单位边际贡献}{销售单价}\times100\%$$

或

$$边际贡献率＝\frac{边际贡献总额}{销售收入总额}\times100\%$$

4. 变动成本率

变动成本率是指单位变动成本占销售单价的百分比,或变动成本总额占销售收入总额的百分比。该指标反映每百元销售额中变动成本所占的份额。其计算公式如下:

$$变动成本率＝\frac{单位变动成本}{销售单价}\times100\%$$

或

$$变动成本率＝\frac{变动成本总额}{销售收入总额}\times100\%$$

5. 边际贡献率与变动成本率的关系

边际贡献率和变动成本率属于互补性质,变动成本率越低的企业,其边际贡献率越高、创利能力越大;反之,变动成本率越高的企业,其边际贡献率越低,创利能力越小。因此,边际贡献率或变动成本率的高低,对企业的经营决策来说,是个导向性的指标，具有举足轻重的影响。两者关系可表示为：

$$边际贡献率＋变动成本率＝1$$

（三）保本点分析

1. 保本点的概念及表现形式

保本点也称盈亏临界点或损益平衡点，是指企业在这一点上正好处于不盈不亏的状态，即销售收入与销售成本相等。企业在进行营运管理时，首先要预测保本点，只有业务销售量超过保本点时，企业才能获得利润。

保本点有两种表现形式：一种是用实物量表现，称为盈亏临界点销售量或保本销售量，即销售多少数量的产品才能保本；另一种是用货币金额表现，称为盈亏临界点销售额或保本销售额，即销售多少金额的产品才能保本。

2. 单一品种的保本点分析方法

1）基本等式法

基本等式法主要适于企业只生产并销售一种产品条件下的保本点预测。其计算公式如下：

$$保本销售量＝\frac{固定成本总额}{销售单价－单位变动成本}$$

$$保本销售额＝销售单价 \times 保本销售量$$

2）图示法

（1）传统式保本图。传统式保本图的特点是将固定成本置于变动成本之下，通过绘制固定成本线、成本总额线和销售收入线来确定盈亏临界点（即保本点），见图5-1。

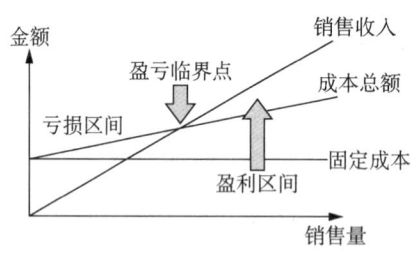

图 5-1 传统式保本图

（2）贡献毛益式保本图。贡献毛益式保本图的特点是将变动成本单独列示，能直观反映贡献毛益、固定成本、利润之间的关系，见图5-2。

（3）量利式保本图。量利式保本图的特点是将销售收入及成本因素省略，使这个图形仅反映销售数量与利润之间的依存关系，见图5-3。

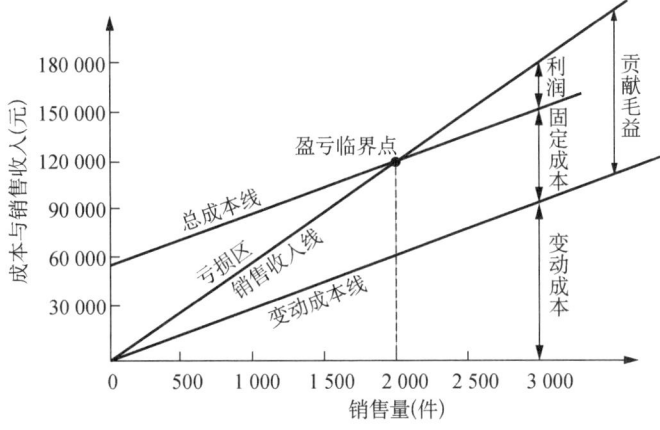

图 5-2　贡献毛益式保本图

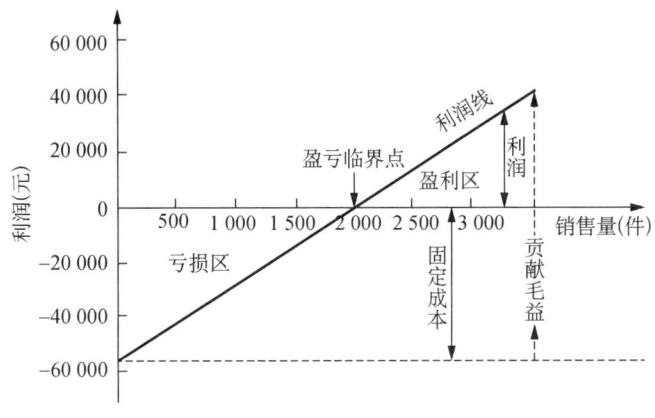

图 5-3　量利式保本图

3. 多品种的保本点分析

1）计算原理

对于多种品的保本点分析，应先用边际贡献分析求出各种产品加权的边际贡献率合计，然后计算企业全部产品的综合保本销售额，最后再算出各种产品的保本销售额。其中：

$$保本销售量＝固定成本总额÷单位边际贡献$$

$$保本销售额＝固定成本总额÷边际贡献率$$

2）计算公式

$$综合边际贡献率＝所有产品的边际贡献总额÷所有产品销售收入总额$$

$$＝\sum（该产品的销售额×该产品的边际贡献率）÷所有产品的销售额$$

$$＝\sum（该产品的销售百分比×该产品的边际贡献率）$$

$$综合盈亏平衡销售额＝固定成本总额÷综合边际贡献率$$

（四）保利分析

保利分析是指通过预测计划期间的销售量、销售额、成本水平，保证目标利润得以实现的一种分析方法。

保利点是指在单价和成本水平一定的情况下，为确保实现预先制定的目标利润而必须达到的销售量和销售额的总称。其中，此时的销售量称为保利量，此时的销售额称为保利额。其计算公式分别为：

$$保利量＝（固定成本＋目标利润）÷单位边际贡献$$
$$保利额＝（固定成本＋目标利润）÷边际贡献率$$

上式中，目标利润采用税前利润形式，如果采用税后利润，需转化为税前利润再代入公式计算。

$$税前利润＝税后利润÷（1－所得税税率）$$

（五）敏感性分析

利润的敏感性分析是研究当制约利润的有关因素发生某种变化时，对利润影响程度的一种定量分析方法。

1. 各因素对利润敏感程度的度量

1）单价的影响

销售价格的上升会导致盈亏临界点的降低，销售价格的下降会导致盈亏临界点的升高。

$$单价敏感系数＝（销售收入总额÷利润）×100\%$$

2）单位变动成本的影响

单位变动成本的增加会导致盈亏临界点的升高，单位变动成本的减少会导致盈亏临界点的降低。

$$单位变动成本敏感系数＝（变动成本总额÷利润）×100\%$$

3）销售量的影响

销售量的增加会导致盈亏临界点的降低，销售量的减少会导致盈亏临界点的升高。

$$销售量敏感系数＝（贡献毛益总额÷利润）×100\%$$

4）固定成本总额的影响

固定成本的增加会导致盈亏临界点的升高，固定成本的减少会导致盈亏临界点的降低。此外,固定成本虽然不随业务量的变动而变动,但企业经营能力的变化和管理决策都会导致固定成本的变化,特别是酌量性固定成本更容易发生变化。

$$固定成本敏感系数＝（固定成本总额÷利润）×100\%$$

总之,计算相关因素变动对盈亏临界点的影响,只是用来确定各相关因素变动对亏损的最大容忍值,并非用来确定所有相关因素同时变动对亏损的最大容忍值。

2. 产品结构变动对利润的影响

当产品品种结构发生变化时,盈亏临界点的变动方向取决于以各种产品的销售收入比例为权数的加权平均贡献毛益率的变化情况。

$$加权边际贡献率＝\sum（某种产品的边际贡献率×该产品的销售比重）$$

$$该产品的销售比重＝该产品的销售额÷全部产品的总销售额$$

(六) 标杆管理

1. 标杆管理的概念

标杆管理由美国施乐公司于 1979 年首创,是现代西方发达国家支持企业不断改进、获得竞争优势的最重要管理方法之一。西方管理学界将其与企业再造、战略联盟一起并称为三大管理方法。

2. 标杆管理的方法

标杆管理按照标杆的内容可分为内部标杆管理法、竞争标杆管理法、职能标杆管理法和流程标杆管理法。

1) 内部标杆管理法

内部标杆管理法是以企业内部操作为基准的标杆管理法,即将企业或组织内部不同部门、分支机构的相同作业流程或其他事项进行相互比较。其主要目的是通过消除错误使过程绩效最大化。本方法主要适用于多部门、多分支机构的企业集团、跨国公司或大型事业机构等。

2) 竞争标杆管理法

竞争标杆管理法是以竞争对象为基准的标杆管理法,即将具有相同市场的企业在产品、服务和工作流程等方面的绩效与实践进行比较。竞争标杆管理法的实施比较困难,究其原因在于除了公共领域的信息容易获取外,其他关于竞争企业的信息不易获得。

3) 职能标杆管理法

职能标杆管理法是以行业领先者或某些企业的优秀职能操作为基准进行的标杆管理法。职能标杆管理法的合作者常常能相互分享一些技术和市场信息,标杆的基准是非竞争性外部企业的职能或业务实践,它的不足之处是费用高。

4)流程标杆管理法

流程标杆管理法是以最佳工作流程为基准进行的标杆管理法。其标杆的基准是类似的工作流程,而不是某项业务与操作职能或实践。因此,流程标杆管理法可以在不同类型组织间进行,它一般要求企业对整个工作流程和操作有很详细的了解。

3. 标杆管理的作用

在标杆管理下,企业业务流程各环节都可以分解和细化,以寻找整体最佳实践并进行标杆比较,从而使企业的比较视角更开阔,也容易使企业集百家之长。

二、案例分析

(一)案例介绍:盈亏平衡分析法在 TCL 企业中的应用

随着我国市场经济体制的建立和逐渐成熟,市场竞争将越来越激烈,特别是我国加入世界贸易组织后,TCL 企业不但要面临国内市场的压力,而且要面临国际市场的冲击。这就要求 TCL 企业不但要有过硬的技术支持,还要有对市场形势进行分析的决策方法。一套科学合理、实用性较强的管理会计分析方法能为企业生产经营过程决策提供可靠的参考。

任何企业的生产经营目的都是盈利,对于 TCL 企业来说,总收入与总成本刚好相等时,企业的生产经营处于平衡状态,这个临界点就是盈亏平衡点。对盈亏平衡点的分析是 TCL 企业整个利润预测的基础,通过分析产量、成本和盈利三者的关系,以会计模式和图示来揭示固定成本、变动成本、单价、收入、利润等变量之间的内在联系规律,可以为会计预测、决策和规划提供必要的财务信息,对 TCL 企业的计划和决策起到重大作用。

1. TCL 企业的成本、收入和利润

1)TCL 企业的成本

TCL 企业同其他制造业企业一样,在产品生产过程中要消耗一定的原材料、劳动力和固定资产。生产一批产品支出费用的总和构成了该批产品的总成本,其中每件产品的支出费用为单位产品成本,是生产管理的最重要指标之一,可用以判定生产管理的经济效果。

TCL 企业的成本主要分为以下几方面。

(1)直接材料费用:是指直接用于产品生产耗用的原材料和其他电器配件,它占产品成本的很大一部分,其高低取决于市场环境、管理者的管理水平、产品的品种等多种因素。

（2）人工费：包括从事生产的工人工资及其养老金、失业金和医疗保险金。

（3）制造费用：是指与产品生产相关但不能直接计入产品成本的间接费用，包括电费、水费、取暖费以及固定资产的折旧费、相关专利技术的摊销费等。

（4）管理费：包括管理人员的工资、差旅费、招待费、会议费、车辆费等。管理费一般按定额支出。

（5）利息及资金占用费：由于建设厂房等固定资产时资金的来源不同，如银行贷款和政府投资的资金就有利息及资金占用费，因此，利息及资金占用费按实际发生计算。

（6）其他费用：是指不能直接计入以上项目的费用。

2）TCL 企业的收入

TCL 企业的收入主要是销售电子产品的收入，其收入的高低主要受产品价格、市场环境、竞争对手的营销策略等因素的影响。

3）TCL 企业的利润

利润是企业生产经营活动的最终财务成果，利润的增加在宏观上可以加快国家积累资金的速度，促进国民经济的发展。对一个企业来说，利润的增加是企业扩大生产规模、提高广大职工生活福利的重要的资金来源。因此，完成计划规定的利润额和利润率，对企业有着重要的意义。

2. TCL 企业的成本分类

TCL 企业的产品成本包括固定成本和变动成本，其具体分类如表 5-1 所示。

表 5-1　TCL 企业产品成本分类

固定成本		变动成本	
折旧费	是对投入的房屋和设备账面价值所规定的回收额	原材料	用于生产产品耗用的原材料
修理费	是对房屋设备的维修费用	燃料动力费	包括水费、电费、取暖费、水费及运输费用的总和
摊销费	各种无形资产账面价值所规定的回收额	工资福利费	是支付给一线工人及技术人员的工资及福利
管理费	是从事企业管理活动所支出的费用及支付管理人员开支的总和		
财务费用	是支付的利息及资金占用费和进行财务管理过程中支出的费用总和		

资料来源：吕光耀. TCL 企业盈亏平衡分析法案例［EB/OL］.（2015-12-02）［2010-02-20］. https://wenku.baidu.com/view/b5cd1f882af90242a995e56c.html.

（二）问题思考

2013年，TCL企业的产品销售量为1 578.10万台，平均单价为3 100元，成本资料如表5-2所示。

表5-2　TCL企业产品成本资料　　　　　　　单位：万元

固定成本		变动成本	
项目	金额	项目	金额
折旧费	620 815	原材料	2013 000
修理费	32 300	燃料动力费	5 600
摊销费	93 800	工资福利费	1 137 600
管理费	284 000		
财务费用	486 900		

（1）根据有关数据资料，对TCL企业盈亏平衡进行分析计算。

（2）TCL企业如果打算扩大生产规模，需要投入2亿元。经计算，其单位产品成本费用为2 000元，产品的价格预测为3 000元，扩大生产规模后每年可增加250 000台产品。如果按此方案扩大生产规模，请问TCL企业是否能够盈利？

（三）要点分析

1. TCL企业盈亏平衡计算分析

1）变动成本

$$变动成本＝原材料＋燃料动力费＋工资福利费$$
$$＝2\ 013\ 000＋5\ 600＋1\ 137\ 600$$
$$＝3\ 156\ 200（万元）$$

2）单位变动成本

$$单位变动成本＝变动成本÷销售量$$
$$＝3\ 156\ 200÷1\ 578.1$$
$$＝2\ 000（元）$$

3）固定成本

$$固定成本＝折旧费＋修理费＋摊销费＋管理费＋财务费用$$
$$＝620\ 815＋32\ 300＋93\ 800＋284\ 000＋486\ 900$$
$$＝1\ 517\ 815（万元）$$

4）盈亏平衡点保本量

$$盈亏平衡点保本量＝固定成本÷（单价－单位变动成本）$$
$$＝1\,517\,815÷（3\,100－2\,000）$$
$$＝1\,380（万台）$$

计算结果表明,在其他条件不变的情况下,企业至少要销售 1 380 万台的产品才能保本,如果少于这个销售量,企业就会亏本。

5）盈亏平衡点保本额

$$盈亏平衡点保本额＝单价×保本量$$
$$＝3\,100×1\,380$$
$$＝4\,278\,000（万元）$$

计算结果表明,在其他条件不变的情况下,企业销售额至少要达到 4 278 000 万元才能保本,如果少于这个销售额,企业就会亏本。

6）盈亏平衡点销售单价

$$盈亏平衡点销售单价＝固定成本÷销售量＋单位变动成本$$
$$＝1\,517\,815÷1\,578.1＋2\,000$$
$$＝2\,962（元）$$

计算结果表明,在其他条件不变的情况下,TCL 企业产品的销售价格要达到 2 962 元才能保本,如果低于这个价格,企业就要亏本。

2. 盈利计算

我们可以先计算出盈亏平衡点的产销量,然后再用盈亏平衡点的产销量与方案中预计的产销量进行比较,如果方案预计的产销量大于盈亏平衡点的产销量,则此扩建项目就可盈利,扩建方案就可行;反之,则此扩建项目就会亏损,此扩建方案就不可取。

$$扩建后盈亏平衡点产销量＝固定费用投入÷（单位产品销售额－单位产品变动成本）$$
$$＝200\,000\,000÷（3\,000－2\,000）＝200\,000（台）$$

由计算可知,TCL 企业扩建后盈亏平衡的产量为 200 000 台,而扩大规模后实际产能为 250 000 台,所以 TCL 扩建后必定盈利。

$$盈利额＝销售收入－总成本$$
$$＝250\,000×3\,000－（200\,000\,000＋2\,000×250\,000）$$
$$＝50\,000\,000（元）$$

三、实训演练

（一）盈亏平衡点计算实训

1. 案例阅读

A 企业只生产一种产品，单位售价为 75 元，单位变动成本为 45 元，固定成本总额为 60 000 元，预计生产量和销售量均为 5 000 件。

2. 实训要求

根据本量利原理，计算 A 企业盈亏平衡点销售量和作业率。

（二）本量利分析指标计算填空实训

1. 实训资料

某企业本量利分析指标如表 5-3 所示。

表 5-3　本量利分析指标

单位：元

产品	单价	单位变动成本	单位边际贡献	销售量（件）	固定成本	营业利润	边际贡献率	变动成本率
A	10	6	（　）	1 000	2 500	（　）	（　）	（　）
B	（　）	（　）	4	2 000	（　）	−100	（　）	80%
C	40	（　）	2	（　）	300	100	（　）	（　）

2. 实训要求

请填写表 5-3 中括号内的项目。

（三）本量利分析计算决策实训

1. 实训内容

某企业月销售成本信息如表 5-4 所示。

表 5-4　某企业月销售成本信息

销售数量（套）	3 500
销售单价（元）	2 500
单位变动成本（元）	2 000
固定成本（元）	1 500 000

2．实训要求

（1）计算该企业的单位边际贡献和边际贡献率。

（2）销售部门预测，当价格降低到 2 400 元时，销售量会增加到 4 000 件，计算该企业新的盈亏平衡销售数据，并判断企业是否应当降价。

（四）敏感性分析综合实训

1．案例阅读

东方机械厂今年计划生产和销售塑料模具 1 000 件，每件售价为 20 000 元，单位变动成本为 12 000 元，全年固定成本总额为 5 000 000 元，利润为 3 000 000 元。

2．实训要求

根据上述资料，计算回答下列问题。

（1）其他因素不变，若销售量上升 10％，利润增加的百分比是多少？

（2）其他因素不变，若价格上升 10％，利润增加的百分比是多少？

（3）其他因素不变，若单位变动成本下降 10％，利润增加的百分比是多少？

（4）其他因素不变，若固定成本总额下降 10％，利润增加的百分比是多少？

（5）东方机械厂应重点关注哪个指标？

四、延伸阅读与拓展思考

（一）延伸阅读——物流企业的本量利分析

在当今经济快速增长的时代，我国物流企业快速发展。由于物流企业目标市场多样，市场技术更新较快，因此，本量利分析成为物流企业经营管理中的重要工具。

淘宝、京东、云集作为较大的网络零售商，不仅能让广大消费者足不出户就能买到自己需要的商品，而且还能让商家节省一大笔成本，如店铺租金和人工费等。这些优势都是建立在物流系统的基础上。

我国的物流行业起步比较晚，但是发展相当迅速。随着客户需求的多样化和商品种类的日益丰富，物流企业为适应当前环境，必须不断扩大规模，进行适当的整合，细化分工，从而其成本构成种类也随之拓展。因此，物流企业要想在竞争激烈的市场上获得可观的利润，就要控制业务量、调整价格，并研究成本、业务量、利润之间的关系。

1．物流企业的盈亏平衡分析

盈亏平衡分析又称保本点分析，当收入和成本相等（即息税前利润为零）时，就是物流企业经营需要完成的营业额或者业务量。具体来讲,盈亏平衡分析就是单价、变动成本、固定成本、业务量、利润等之间的函数关系分析。盈亏平衡分析有助于物流企业管理者进行经营决策,即企业应以保本点相对应的营业额或者业务量为起点,在其基础上制定经营方案,实现盈利。

2. 物流企业的敏感性分析

在本量利分析法中,业务量、单价、单位变动成本及固定成本等因素的变动都会对利润产生影响,这些变量就是敏感因素。如果某一变量变动较小,但对利润影响较大,说明利润对该变量比较敏感。物流企业可以根据不同变量的变化对利润的影响进行科学分析,为企业决策提供依据。

资料来源:吴巧悦.利用好本量利分析法建立强大的经营管理模式[J].商情,2015(32).

(二) 拓展思考

本量利分析在物流企业应用中优势凸显,但它会存在哪些局限性呢?

第六章 投融资管理

实训目的

通过本章实训,学生应了解投资的概念和分类,对项目投资进行财务可行性分析;了解融资的概念,比较不同融资方式的优缺点,计算不同融资方案的融资成本,分析融资后企业每股收益和财务杠杆的变化,并选择合适的融资方案。

重点难点解析

本章的重点是掌握项目投资的财务可行性分析方法,并运用财务可行性分析方法对投资项目进行判断;计算不同融资方案的融资成本,并综合考虑融资后每股收益和财务杠杆的变化等因素,选择合适的融资方案。

本章的难点是运用财务可行性分析方法对投资项目进行判断,计算不同融资方案的融资成本,选择合适的融资方案。

一、知识点链接

(一) 投资管理

投资管理是指企业根据自身战略发展规划,以企业价值最大化为目标,将资金投入营运并进行管理的活动。在投资活动中,企业必须采取科学的方法对将要投资项目的可行性进行预测、评估、分析和判断。判断一个投资项目是否可行,首先需要对项目投资的现金流量进行分析,然后运用财务评价指标对其可行性进行判断。在这个过程中,货币时间价值是必须考虑的因素之一。

1. 货币时间价值

货币时间价值也称资本时间价值,是指同一货币在社会经济运行中随着时间的推移而形成的价值差额,即同一货币量在不同时间点上的价值差额。货币时间价值是投资活动中必须考虑的重要因素之一。常用的货币时间价值计算指标有复利终值、复利现值、普通年金终值和普通年金现值等。

1) 复利终值

复利终值是指在一个计息期内一定量的货币资金按复利计算后的本利总和。其计算公式如下:

$$F = P \times (1+i)^n$$

其中,F—— 复利终值;

P—— 复利现值;

i—— 利率;

n—— 期数;

$(1+i)^n$—— 复利终值系数,记作$(F/P, i, n)$。

2) 复利现值

复利现值是指未来一定时间的特定货币资金按复利计算的现在价值。其计算公式如下:

$$P = F \times (1+i)^{-n}$$

其中,P—— 复利现值;

F—— 复利终值;

i—— 折现率;

n—— 期数;

$(1+i)^{-n}$—— 复利现值系数,记作$(P/F, i, n)$。

3) 普通年金终值

普通年金终值是指一定时期内每期期末等额收付的系列款项的复利终值之和。其计算公式如下:

$$F = A \times \left[\frac{(1+i)^n - 1}{i} \right]$$

其中,F—— 年金终值;

A—— 年金;

i—— 利率;

n—— 期数；

$$\left[\frac{(1+i)^n-1}{i}\right]$$—— 年金终值系数，记作$(F/A,i,n)$。

4）普通年金现值

普通年金现值是指一定时期内按相同时间间隔将每期期末等额收付的系列款项折算到第一期期初的现值之和。其计算公式如下：

$$A=P\times\left[\frac{1-(1+i)^{-n}}{i}\right]$$

其中，P—— 年金终值；

A—— 年金；

i—— 折现率；

n—— 期数；

$$\left[\frac{1-(1+i)^{-n}}{i}\right]$$为年金现值系数，记作$(P/A,i,n)$。

2. 项目投资现金流量分析

在投资决策中，现金流量是指由投资项目引起的企业现金流入量和流出量的总称，而现金净流量则是指现金流入量和流出量的差额。通常，我们把现金流入用"＋"表示，把现金流出用"－"表示。按投资项目中现金流入或流出发生的时间，现金流量可分为初始现金流量、营业现金流量和终结现金流量。

1）初始现金流量

初始现金流量是指在开始投资时发生的现金流量，一般包括以下五项内容。

（1）固定投资支出，包括固定资产的购入、建造成本、运输成本和安装成本等，一般为现金流出量。

（2）垫支流动资金，即投资项目在投入运营后分次或者一次性投放于流动资产上的资本增加额，包括对原材料、在产品等流动资产的投资，一般为现金流出量。

（3）机会成本，是指某些原有固定资产（包括土地）因用于投资而不能出售所丧失的潜在利益。它在投资决策中视同现金的流出。

（4）其他投资费用，包括与长期投资有关的职工培训费、谈判费、注册费等，一般为现金流出量。

（5）原有固定资产的变价收入，即固定资产更新时原有固定资产变卖所得的现金收入，一般为现金流入量。

2）营业现金流量

营业现金流量是指投资项目投入使用后,在其生命周期内由于生产经营所带来的现金流入、流出的数量。营业现金流量一般按照年度计算,其中,营业现金流入一般是指投资项目每年销售的现销收入以及收回的上期销售回款;营业现金流出是指投资项目每年的付现成本,即当期全部成本扣除非付现成本(包括折旧费用及各种摊销费用)。营业现金流量的计算公式如下:

$$税后营业现金净流量 = 税前营业现金净流量 - 所得税$$
$$= 营业收入 - 付现成本 - 所得税$$
$$= 营业收入 - (营业成本 - 折旧) - 所得税$$
$$= 营业收入 - 营业成本 - 所得税 + 折旧$$
$$= 净利润 + 折旧$$

3）终结现金流量

终结现金流量是指投资项目终结时发生的现金流量,主要包括以下三项内容。

(1) 固定资产报废时的残值收入、变价收入以及出售时的税负损益。

(2) 原垫支流动资金的回收,一般为现金流入量。

(3) 停止使用的土地变价收入,一般为现金流入量。

3. 项目投资财务可行性评价指标

判断投资项目是否可行的投资决策指标,按是否考虑货币时间价值因素分为静态投资指标和动态投资指标。静态投资指标是指没有考虑货币时间价值因素的指标,也称为非贴现投资指标,主要包括静态投资回收期和投资利润率。动态投资指标是指考虑了时间价值因素的指标,也称贴现指标,主要包括净现值、获利指数和内含报酬率。

1）静态投资指标

(1) 静态投资回收期,是指回收初始投资额预计所需的时间,一般以年为单位。静态投资回收期的计算公式、判断依据及其优缺点如表 6-1 所示。

表 6-1 静态投资回收期指标

计算公式	静态投资回收期的计算方法因各年净现金流量是否相等分为下列两种情况。 1. 若投产后各年的净现金流量相等,则: 静态投资回收期 = 初始投资额÷净现金流量 2. 若投产后各年净现金流量不相等,则要根据每年年末尚未回收的投资额来确定投资回收期,即: 静态投资回收期 = (累计净现金流量开始出现正值的年份-1)+(上一年度累计净现金流量的绝对值÷当年净现金流量)

（续表）

判断依据	用静态回收期的长短来判断方案是否可行,一般来说,回收期越短,表明该投资的效果越好,风险也越小
优点	能够直观反映原始总投资的返本期限;便于理解,计算简单
缺点	未考虑货币时间价值因素;未考虑回收期满后继续发生的现金流量

（2）投资利润率,指项目经营期的正常年度利润或年均利润占项目投资总额的百分比。投资利润率计算公式、判断依据及其优缺点如表6-2所示。

表6-2　投资利润率指标

计算公式	投资利润率＝年平均利润额÷投资总额×100%
判断依据	用投资利润率判断方案是否可行时,可行方案的投资利润率应大于企业要求的利润率;否则,方案不可行
优点	易于理解,计算简单;便于对投资额不同的项目进行比较
缺点	没有考虑货币时间价值因素;不能正确反映建设期、投资方式对项目的影响

2）动态投资指标

（1）净现值,指投资项目投入使用后的净现金流量按预定的贴现率折算的现值减去初始投资现值的差额。净现值的计算公式、判断依据及其优缺点如表6-3所示。

表6-3　净现值指标

计算公式	净现值 ＝ 未来净现金流量现值总额 － 初始投资额现值 未来净现金流量现值＝未来现金流量终值×复利现值系数
判断依据	若净现值是正数,即说明该方案的现金流入量现值大于原投资额,该方案可行;反之,净现值为负数,则不可行。净现值越大,说明项目的经济效益越好
优点	充分考虑了货币时间价值;适用范围广,能基本满足年限相同项目的互斥投资方案决策
缺点	不能反映项目的实际收益率;计算时需要较准确地预测各期净现金流量;对初始投资额不同的方案,单纯用净现值做比较,可能会得出不恰当的结论

（2）获利指数,也称现值指数,指投资项目的未来净现金流量现值与原始投资额现值之比。获利指数的计算公式、判断依据及其优缺点如表6-4所示。

表 6-4　现值指数指标

计算公式	获利指数＝未来现金净流量现值÷原始投资额现值
判断依据	如果获利指数大于1,则该项目具备投资的财务可行性
优点	便于对原始投资额现值不同的独立投资方案进行比较和评价
缺点	不能用于寿命期不同的独立方案决策

（3）内含报酬率,是指使未来现金流入量现值等于未来现金流出量现值的贴现率,即投资项目的净现值等于零时的折现率,又称为内部报酬率。内含报酬率的计算方法、判断依据及其优缺点如表 6-5 所示。

表 6-5　内含报酬率指标

计算方法	内含报酬率计算方法,因各年净现金流量是否相等而有所不同,现分述如下: 1. 若各年净现金流量相等,可利用年金现值系数求内含报酬率,基本过程如下: （1）计算该方案本身的年金现值系数,计算公式为: 该方案年金现值系数＝初始投资额÷净现金流量 （2）查年金系数表,找到与该方案年金现值系数左右相邻的两个系数,即年金现值系数 1 和年金现值系数 2,对应的贴现率为贴现率 1 和贴现率 2,计算公式为: 内含报酬率＝贴现率1＋（该方案年金现值系数－利率1的年金现值系数）÷（年金现值系数 1－年金现值系数 2）×（贴现率 2－贴现率 1） 2. 若各年的净现金流量不相等,则要用估计的贴现率进行逐步测试（试误法）,找到一正一负的两个净现值（为了计算的结果准确,要尽可能找到接近于零的净现值,即 NPV 从正、负方向趋近于零）,再用插值法求内含报酬率。基本过程如下: （1）试用较低的贴现率:取贴现率1,使净现值＞0。 （2）试用较高的贴现率:取贴现率2,使净现值＜0。 （3）当净现值＝0 时,即为所求的内含报酬率。计算公式为: 内含报酬率＝贴现率1－（贴现率1求得的净现值）÷（贴现率2求得的净现值－贴现率1求得的净现值）×（贴现率 2－贴现率 1）
判断依据	如果投资方案的内含报酬率大于投资者要求的最低报酬率,则采纳该方案,否则拒绝;在互斥选择决策中,在可行方案中选取内含报酬率大的方案
优点	考虑了货币时间价值因素;内含报酬率指投资方案的真实报酬率,概念易接受;克服了由于比较基础不一而导致的评价和排列各备选方案优先顺序的困难,各备选方案可按内含报酬率由大到小进行优先排序
缺点	计算过程复杂,不便于人工计算;对于常规投资项目只存在一个内含报酬率,而对于非常规投资项目则不止一个内含报酬率,往往有多个内含报酬率,也可能无解,因此会给决策带来困难,甚至做出错误决策

（二）融资管理

1. 融资管理的概念

融资管理是指企业为实现既定的战略目标,在风险匹配的原则下,通过一定的融资方式和渠道筹集资金并对其进行管理的活动。

2. 融资的方式及其优缺点

企业融资的方式有很多,主要分为内部融资和外部融资。内部融资主要是通过增加留存收益进行融资,而外部融资主要是通过银行贷款、发行股票或发行债券等方式融资。在实践中,几种常见的融资方式及其优缺点如表 6-6 所示。

表 6-6　几种不同融资方式的比较

融资方式		含义	优点	缺点
内部融资		企业通过增加留存收益进行融资	具有较大灵活性和自主性;融资成本较低;不会稀释原有股东的每股收益和控制权;内部融资不需要偿还本金和利息,财务风险很小	融资规模受到较大的制约,会降低企业可分配的股利
外部融资	银行贷款融资	企业通过向银行提交贷款申请筹集资金	融资速度快,借款弹性大	财务风险大,限制性条款多
	发行债券融资	企业通过向债券持有人发行一定期限内偿还本息的企业债券	筹资的规模较大,具有长期性和稳定性	发行成本较高,信息披露的成本较高,限制性条件较多
	发行股票融资	企业通过发行股票筹集资金	没有支付固定利息的负担,没有固定到期日,筹资风险小;可以增加企业的信誉	融资的成本相对比较高,时间比较长,会导致企业的控制权分散

3. 融资成本测算

融资成本是资金使用者支付给资金所有者的报酬,实际上包括融资费用和资金使用费。在测算融资成本时,需要先分析不同融资方式的融资费用和资金使用费,然后根据融资成本测算公式进行测算。由于不同融资方式的融资费用和资金使用费不一致,不同融资方式的融资成本也存在区别。银行借款融资成本包括借款筹资费用和资金使用费,筹资费用指在借款过程中出现的借款手续费以及各项代理费,资金使用费指资金使用人支付的利息。债券融资成本包括债券发行费用和资金使用费,发行费用主要包括承销费、信用评级费、审计费、律师费、登记费、兑付费和公告宣传费等,资金使用费包括债券存续期间的利息。普通股融资成本包括筹资费用和资金使用费,筹资费用主要包括企业在发行股票时支付给承销商的承销费和发行费,资金使用费主要是支付给普通股股东的现金股利(不包括财产股利及股票股利)。因此,在多种融资方案决策中,企业要尽可能选择成本较低的融资方案。

融资成本既可以用绝对数表示,也可以用相对数表示。例如,借入长期资金,用绝对数可以表示为长期借款资金占用费和资金筹集费的合计数,而用相对数则可以表示为资金占用费与实际取得资金之间的比率,即融资资本成本率。在融资管理实务中,融资成本一般用相对数表示。

1) 银行借款资本成本率

在通过银行借款筹集资金时,银行有时会要求资金使用人按照借款金额的一定百分比在银行保留一定数量的存款余额(称为补偿性余额),这实际上提高了银行借款融资成本。因此,在测算银行借款资本成本率时,一般要根据是否存在补偿性余额分情况计算。

(1) 不存在补偿性余额的银行借款税后资本成本率,等于银行借款税后年利率与1减去筹资费用率余额的比率。其计算公式如下:

$$K_b = \frac{i(1-T)}{1-f} \times 100\%$$

其中,K_b——银行借款税后资本成本率;

i——银行借款年利率;

T——企业所得税税率;

f——筹资费用率。

(2) 不考虑筹资费用,存在补偿性余额的银行借款税后资本成本率,等于银行借款税后年利率与1减去补偿性余额比例后的比率。其计算公式如下:

$$K_b = \frac{i(1-T)}{1-m} \times 100\%$$

其中,K_b——银行借款税后资本成本率;

i——银行借款年利率;

T——企业所得税税率;

m——补偿性余额比例。

2）债券融资税后资本成本率

测算债券融资资本成本率时，一般根据是否存在发行费用分情况计算。

（1）不存在发行费用的债券融资税后资本成本率，就是使债券各期税后利息现值及本金现值之和等于债券市价的折现率。其计算公式如下：

$$P_0 = \sum_{t=1}^{n} \frac{I(1-T)}{(1+r_d)^t} + \frac{B}{(1+r_d)^t}$$

其中，P_0——债券的市价；

I——债券的利息；

T——企业所得税税率；

r_d——债券的税后资本成本率；

B——债券的本金；

n——债券的期限；

t——债券的期数。

（2）存在发行费用的债券融资税后资本成本率，就是使债券各期税后利息现值及本金现值之和等于债券市价扣除发行费用后的折现率。其计算公式如下：

$$P_0(1-F) = \sum_{t=1}^{n} \frac{I(1-T)}{(1+r_d)^t} + \frac{B}{(1+r_d)^t}$$

其中，P_0——债券的市价；

F——债券的发行费用率；

I——债券的利息；

T——企业所得税税率；

B——债券的本金；

r_d——债券的税后资本成本率；

n——债券的期限；

t——债券的期数。

3）普通股融资资本成本率

在测算普通股融资资本成本率时，一般根据是否存在筹资费用分情况计算。

（1）不存在筹资费用的普通股融资资本成本率。如果企业每年发放的股利以固定的比率持续增长，不存在筹资费用的话，企业发行普通股融资的资本成本率为预期下年现金股利与普通股当前市价的比加上股利的年增长率。其计算公式如下：

$$r_s = \frac{D_1}{P_0} + g$$

其中，r_s——普通股资本成本率；

D_1——预期下年现金股利额；

P_0——普通股当前市价；

g——股利的年增长率。

（2）存在筹资费用的普通股融资资本成本率。存在筹资费用的情况下，如果企业每年发放的股利以固定的比率持续增长，企业发行普通股融资的资本成本率为预期下年现金股利除以普通股当前市价扣除发行费用后的差额，再加上股利的年增长率。其计算公式如下：

$$r_s = \frac{D_1}{P_0(1-F)} + g$$

其中，r_s——普通股资本成本率；

D_1——预期下年现金股利额；

P_0——普通股当前市价；

g——股利的年增长率；

F——筹资费用率。

3. 融资方案的评价指标

企业在选择不同的筹资方案时，常用的评价指标有每股收益和财务杠杆系数。

1）每股收益

每股收益即每股盈利，又称每股税后利润或每股盈余，指税后利润扣除优先股股利后的余额与普通股股数的比率。每股收益通常被用来反映企业的经营成果，衡量普通股的获利水平。同等条件下，企业在选择融资方案时，要考虑融资后每股收益的变化，选择能够使企业每股收益更高的融资方案。其计算公式如下：

$$EPS = \frac{(EBIT - I)(1 - T) - D}{N}$$

其中，EPS——每股收益；

$EBIT$——息税前利润；

I——利息；

T——企业所得税税率；

　　　　D——优先股股利；

　　　　N——普通股股数。

2) 财务杠杆系数

财务杠杆是指由于固定债务利息的存在而导致普通股每股收益变动幅度大于息税前利润变动幅度的现象。合理地使用财务杠杆可以使企业获得更大的自有资金收益率，而财务杠杆系数通常用来反映企业使用财务杠杆的程度，评价企业财务风险的大小。

企业在选择融资方案时，一方面要充分发挥财务杠杆的作用，另一方面要适当控制财务杠杆系数，因为财务杠杆系数越大，说明企业的财务风险越高。同等条件下，企业在进行融资方案决策时，要衡量融资后每股收益和财务杠杆系数的变化，尽可能选择融资后每股收益高且财务杠杆系数较低的融资方案。其计算公式如下：

$$DFL = \frac{EBIT}{EBIT - I}$$

其中，DFL——财务杠杆系数；

　　　　$EBIT$——企业息税前利润；

　　　　I——利息。

二、案例分析

(一) 恩美集团新产品投资案例分析

1. 案例介绍

2020 年，恩美集团投资部提议对公司目前热销的保健品进行升级换代，并详细阐述了升级换代项目所需的投资金额。为了生产新产品，公司需要购置成本为 200 万元的设备 1 台，该设备使用期为 8 年，采用直线法计提折旧，预计残值率为 5%。根据市场的发展推算，投资部预计，第 8 年年末新产品将停产，而该设备届时的市场价值为 10 万元。根据财务部提供的预算，该项目每年固定成本预计为 8 万元（不含折旧费和利息费用），单位变动成本为 80 元。另外，该项目初期需要垫支营运资金 100 万元，该营运资金于第 8 年年末全额收回。

新产品上市后，预计年销售量为 1.2 万盒，销售价格为 160 元/盒。假定营业现金流入在每年年末取得，折现率按 10% 计算，公司的企业所得税税率为 25%。

2. 问题思考

（1）计算新产品投资项目第 1 年的初始现金净流量、第 1 年到第 8 年的营业现金净流量和第 8 年年末的终结现金净流量。

（2）计算新产品投资项目的净现值，并利用净现值法对是否开发该项目进行决策。

（3）计算新产品投资项目的现值指数，并用现值指数法对是否开发该项目进行决策。

（4）假设投资者要求的静态投资回收期为 5 年，计算新产品投资项目的静态投资回收期，并对是否开发该项目进行决策。

3. 要点分析

1）新产品投资项目初始现金净流量、营业现金净流量和终结现金净流量计算

（1）初始现金净流量。

$$初始现金流出量＝固定资产投资支出＋垫支营运资金$$
$$＝2\ 000\ 000＋1\ 000\ 000＝3\ 000\ 000（元）$$

由以上计算结果可知，因为初始现金流量为流出量，所以初始现金净流量为 $-3\ 000\ 000$ 元。

（2）营业现金净流量。

$$固定资产每年折旧额＝[2\ 000\ 000×(1-5\%)]÷8＝237\ 500（元）$$

第 1 年到第 8 年的营业现金净流量计算如表 6-7 所示。

表 6-7　第 1 年到第 8 年营业现金净流量表　　　　　单位：元

年份＼项目	第 1 年	第 2 年	第 3 年	第 4 年	第 5 年	第 6 年	第 7 年	第 8 年
销售单价(1)	160	160	160	160	160	160	160	160
销售量(2)	12 000	12 000	12 000	12 000	12 000	12 000	12 000	12 000
营业收入(3)＝(1)×(2)	1 920 000	1 920 000	1 920 000	1 920 000	1 920 000	1 920 000	1 920 000	1 920 000
固定成本(不含折旧)(4)	80 000	80 000	80 000	80 000	80 000	80 000	80 000	80 000
折旧(5)	237 500	237 500	237 500	237 500	237 500	237 500	237 500	237 500
单位变动成本(6)	80	80	80	80	80	80	80	80
变动成本总额(7)＝(2)×(6)	960 000	960 000	960 000	960 000	960 000	960 000	960 000	960 000

（续表）

年份 项目	第1年	第2年	第3年	第4年	第5年	第6年	第7年	第8年
营业成本总额 (8)＝(4)＋(5)＋ (7)	1 277 500	1 277 500	1 277 500	1 277 500	1 277 500	1 277 500	1 277 500	1 277 500
营业利润（9）＝ (3)－(8)	642 500	642 500	642 500	642 500	642 500	642 500	642 500	642 500
所得税（10）＝ (9)×25%	160 625	160 625	160 625	160 625	160 625	160 625	160 625	160 625
税后营业利润 (11)＝(9)－(10)	481 875	481 875	481 875	481 875	481 875	481 875	481 875	481 875
营业现金净流量 (12)＝(11)＋(5)	719 375	719 375	719 375	719 375	719 375	719 375	719 375	719 375

（3）终结现金净流量。

$$\begin{array}{l}\text{第8年年末终结点}\\\text{现金净流量总额}\end{array}=\begin{array}{l}\text{第8年营业}\\\text{现金净流量}\end{array}+\begin{array}{l}\text{固定资产}\\\text{残值净收入}\end{array}+\begin{array}{l}\text{垫支营运}\\\text{资金的收回}\end{array}$$

$$=719\ 375+100\ 000+1\ 000\ 000=1\ 819\ 375（元）$$

2）新产品投资项目的净现值计算和决策

投资项目现金流量计算如表6-8所示。

$$\begin{array}{l}\text{该项目的未来现金}\\\text{净流量现值总额}\end{array}=719\ 375\times0.9091+719375\times0.8264+719\ 375\times0.7513+$$

$$719\ 375\times0.6830+719\ 375\times0.6209+719\ 375\times0.5645+$$

$$719\ 375\times0.5132+1\ 819\ 375\times0.4665$$

$$=4\ 350\ 943.69（元）$$

该项目的净现值＝未来现金净流量现值总额－原始投资额

$$=4\ 350\ 943.69-3\ 000\ 000$$

$$=1\ 350\ 943.69（元）$$

由以上计算结果可知，因为该项目净现值大于0，所以开发该项目是可行的。

3）新产品投资项目的现值指数计算和决策

$$现值指数=\frac{未来现金净流量现值总额}{原始投资额}=\frac{4\ 350\ 943.69}{3\ 000\ 000}=1.45$$

由以上计算结果可知，因为项目现值指数大于1，所以开发该项目是可行的。

表6-8 投资项目现金流量计算表

单位:元

年份／项目	0	1	2	3	4	5	6	7	8
固定资产投资	−2 000 000								
营运资金垫支	−1 000 000								
营业现金流量		719 375	719 375	719 375	719 375	719 375	719 375	719 375	719 375
固定资产残值									100 000
营运资金回收									1 000 000
现金流量合计	−3 000 000	719 375	719 375	719 375	719 375	719 375	719 375	719 375	1 819 375
复利现值系数		$(P/F,10\%,1)$	$(P/F,10\%,2)$	$(P/F,10\%,3)$	$(P/F,10\%,4)$	$(P/F,10\%,5)$	$(P/F,10\%,6)$	$(P/F,10\%,7)$	$(P/F,10\%,8)$
系数值		0.9091	0.8264	0.7513	0.6830	0.6209	0.5645	0.5132	0.4665

4）新产品投资项目的静态投资回收期计算和决策

第一年的累计现金净流量＝（－3 000 000）＋719 375＝－2 280 625（元）

第二年的累计现金净流量＝（－2 280 625）＋719 375＝－1 561 250（元）

第三年的累计现金净流量＝（－1 561 250）＋719 375＝－841 875（元）

第四年的累计现金净流量＝（－841 875）＋719 375＝－122 500（元）

第五年的累计现金净流量＝（－122 500）＋719 375＝596 875（元）

该项目在第 5 年累计现金净流量由负转为正。

$$静态投资回收期＝\left(\begin{array}{c}累计现金净流量由\\负转为正的年份数\end{array}-1\right)+\frac{上一年累计现金净流量的绝对值}{当年现金净流量}$$

$$=(5-1)+\frac{122\ 500}{719\ 375}=4.17（年）$$

由以上计算结果可知，因为项目的静态投资回收期小于投资者要求的静态投资回收期 5 年，所以开发该项目是可行的。

（二）斯特公司筹资方案分析

1. 案例介绍

斯特公司是一家在国内上市的知名公司，公司目前的资本结构为：普通股 1 200 万股，面值为 1 元；债务为 4 500 万元，平均利率为 10％。为了提高市场占有率，经过多年的研发，公司现拟推出一个新产品。该产品需要投资 4 000 万元，投放市场后预计每年可为公司增加息税前利润 600 万元。经过多次讨论，公司财务部提出两种筹资方案：①根据债券市场行情，按 12％的利率发行公司债券 4 000 万元；②根据股市最新价格，按 20 元/股的价格增发总价为 4 000 万元的普通股。该公司目前的息税前利润为 2 000 万元，公司适用的所得税税率为 25％，证券发行费可忽略不计，且该公司无优先股。

2. 问题思考

（1）计算按两种方案筹资后，斯特公司的普通股每股收益。

（2）计算筹资前的财务杠杆系数和按两种方案筹资后的财务杠杆系数。

（3）根据以上计算结果分析，该公司应当选择哪一种筹资方式？ 理由是什么？

3. 要点分析

1）使用不同筹资方案后的普通股每股收益

（1）采用发行债券方案筹资。

$$投产后息税前利润＝该公司目前的息税前利润＋新增息税前利润$$

$$=2\ 000+600=2\ 600（万元）$$

现有的债务利息＝现有债务×平均利率＝4 500×10%＝450(万元)

发行债券后新增债务利息＝新增债券×利率＝4 000×12%＝480(万元)

税前利润＝息税前利润－利息费用＝2 600－450－480＝1 670(万元)

所得税＝税前利润×所得税税率＝1 670×25%＝417.5(万元)

税后净利润＝税前利润－所得税＝1 670－417.5＝1 252.5(万元)

$$每股收益＝\frac{本期税后净利润－优先股股利}{期末总股本}＝\frac{1\ 252.5－0}{1\ 200}＝1.04(元)$$

（2）采用发行股票方案筹资。

投产后息税前利润＝该公司目前的息税前利润＋新增息税前利润

＝2 000＋600＝2 600(万元)

现有的债务利息＝现有债务×平均利率＝4 500×10%＝450(万元)

税前利润＝息税前利润－利息费用＝2 600－450＝2 150(万元)

所得税＝税前利润×所得税税率＝2 150×25%＝537.5(万元)

税后净利润＝税前利润－所得税＝2 150－537.5＝1 612.5(万元)

$$每股收益＝\frac{本期税后净利润－优先股股利}{期末总股本}＝\frac{1\ 612.5－0}{1\ 200＋200}＝1.15(元)$$

2）财务杠杆系数计算

$$筹资前的财务杠杆系数＝\frac{息税前利润}{息税前利润－利息}＝\frac{2\ 000}{2\ 000－450}＝1.29$$

$$发行债券筹资后的财务杠杆系数＝\frac{息税前利润}{息税前利润－利息}＝\frac{2\ 600}{2\ 600－450－480}＝1.56$$

$$发行普通股筹资后的财务杠杆系数＝\frac{息税前利润}{息税前利润－利息}＝\frac{2\ 600}{2\ 600－450}＝1.21$$

3）筹资方案选择

采用发行普通股方案筹资后，公司每股收益为1.15，财务杠杆系数为1.21，与于发行债券筹资方案相比，该方案每股收益更高，而且财务风险更小。因此，斯特公司应该采用增发普通股筹资的方案融资。

三、实训演练

（一）MZ公司酒厂项目投资管理实训

1．案例阅读

MZ公司多年来专注于白酒行业，在业内积累了非常好的声誉。该公司为进一步提高营业额,决定借助其声誉进军红酒领域,准备再投资新建一个酒厂。新酒厂需要固定资产投资 300 万元,分两年投入,第 1 年年初投入 200 万元,第 2 年年初投入 100 万元,第 2 年年末新酒厂可以交付使用。新酒厂预计可以给 MZ 公司每年增加营业外收入 400 万元,每年需要负担的经营成本包括:外购材料费 80 万元,职工工资及福利费 60 万元,其他费用 30 万元(不含折旧费用)。新酒厂的使用年限为 6 年,预计净残值率为 5%,采用直线法计提折旧,项目经营期内需要垫支流动资金 80 万元,于第 2 年年末投入,这笔资金在项目结束时可全部收回。MZ 公司适用的所得税税率为 25%,折现率为 10%。

2. 实训要求

(1) 计算该项目每年的现金净流量。

(2) 计算该项目的净现值,并利用净现值法对是否开发该项目进行决策。

(3) 假设投资者要求的回报率是 16%,计算该项目的内含报酬率,并利用内含报酬率法对是否开发该项目进行决策。

(4) 计算该项目的现值指数,并用现值指数法对是否开发该项目进行决策。

(5) 假设投资者要求的回收期是 5 年,计算该项目的静态投资回收期(含建设期),并对是否开发该项目进行决策。

(6) 假设投资者约定的基准投资收益率为 20%,计算该项目的总投资收益率,并对是否开发该项目进行决策。

(二) 博雅公司新旧设备投资决策实训

1. 案例阅读

为提高产品生产效率,博雅公司计划购进一台新设备替换现有的旧设备,旧设备已经使用了 3 年,尚可使用 5 年,新设备预计使用年限为 5 年。该公司适用的所得税税率为 25%,资本成本率为 12%。其余相关资料如表 6-9 所示。

表 6-9　博雅公司新旧设备资料　　　　　　　　　　单位:元

项目	旧设备	新设备
原价	600 000	800 000
税法残值	40 000	45 000
税法使用年限(年)	8	5
已使用年限(年)	3	0
尚可使用年限(年)	5	5

(续表)

项目	旧设备	新设备
每年垫支营运资金	11 000	10 000
大修理支出	20 000(第 2 年年末)	8 000(第 4 年年末)
每年折旧费(直线法)	70 000	151 000
每年营运成本	20 000	6 000
目前变现价值	390 000	800 000
最终报废残值	30 000	40 000

2. 实训要求

请用净现值指标分析博雅公司使用新设备替换旧设备是否具备财务可行性。

(三)A公司筹资方案实训

1. 案例阅读

A 公司需要筹集 990 万元资金,使用期为 5 年,现有以下两种筹资方案。

甲方案:委托某证券公司公开发行债券,债券面值为 1 000 元,每张票据的承销差价(留给证券公司的发行费用)为 51.61 元,票面利率为 14%,每年付息 1 次,到期后一次性还本,发行价格根据当时的预期市场利率确定。

乙方案:向某银行借款,名义利率是 10%,补偿性余额为 10%,到期后一次性还本付息(单利计息)。

假设当时的预期市场利率(资金的机会成本)为 10%,不考虑所得税的影响。

2. 实训要求

(1) 根据上述资料计算甲方案的债券发行价格。

(2) 根据(1)中得出的价格发行债券,假设不考虑时间价值,从现金流出来看,哪个筹资方案成本较低?

(3) 如果考虑时间价值,从现金流出来看,哪种筹资方案成本较低?

(4) 简要分析两种筹资方案的优缺点。

(四)W公司增发普通股资本成本测算实训

1. 案例阅读

W 公司当前普通股每股市价为 30 元,拟按当前市价增发新股 300 万股,预计每股筹资费用率为 6%,增发第一年年末预计每股股利为 5 元,以后每年股利增长率为 8%。

2．实训要求

根据上述资料计算 W 公司本次增发普通股的资金成本。

四、延伸阅读与拓展思考

（一）延伸阅读：华谊兄弟公司筹资方式研究

1998 年，华谊兄弟传媒股份有限公司（以下简称华谊兄弟公司）推出了姜文导演的电影《鬼子来了》和冯小刚导演的电影《没完没了》，其市场知名度大大提高。随后，该公司正式宣布全面进入电影产业，先后开展了电视剧、电影、艺人经纪、音乐唱片等领域的扩张。2009 年 10 月，华谊兄弟公司成了我国首家上市的娱乐公司，同时也迈出了其资本运作的重要一步。下面介绍华谊兄弟公司上市前的四种筹资方式。

1．金融机构贷款

2006 年，电影《夜宴》在海外发行期间，中国出口信用保险公司为华谊兄弟公司提供了 1 年的保险，保险额度为 1 500 万～2 000 万美元，并且还为其提供了风险评估分析、承担收汇保险责任，此外，还为《夜宴》拍摄所需要的资金提供了担保支持，这份担保使华谊兄弟公司获得了深圳发展银行高达 5 000 万元的贷款。2007 年，在拍摄电影《集结号》期间，华谊兄弟公司从招商银行获得了 5 000 万元的无担保贷款。2008 年，华谊兄弟公司获得了北京银行 1 亿元的文化创意企业贷款。

2．私募股权筹资

华谊兄弟公司为了自身发展开始引入有电影背景的投资方，2004 年，该公司进行了三轮私募，先后引入了雅虎中国、TOM 集团、分众电影等电影企业和其他金融投资机构，而且均采用了国际流行的"股权筹资＋股权回购"操作手法，即公司先从其他原股东手中溢价回购股权，再向新投资者出售股权筹资，这样不仅便于前期投资人获利后安全退出，而且保全了影片版权的完整性和创始人对公司的控股权。

3．产业链条筹资

华谊兄弟公司在开拍一部电影之初，会通过和广告商的合作对影片进行广告植入，或者在电影面世之前对影片的主题曲、插曲版权进行贩卖，以此筹措资金。

1）与业内公司合作拍片

在拍摄电影《可可西里》和《功夫》时，华谊兄弟公司与索尼哥伦比亚公司进行了合作，并采取全球票房分账模式。此外，华谊兄弟公司不仅与电影制作公司合作，还在部分影片上引入院线公司的投资，这样既能解决电影的资金问题，又能保证未来电影的拍片问题,既减少了成本,又降低了风险,实现了电影完整产业链的完美对接。

2)广告筹资

华谊兄弟公司在拍摄电影《天下无贼》时,中国移动赞助了650万元的资金,其他赞助商共赞助了1 800万元,再加上其他项目的赞助,其广告收入当时已达到4 000多万元,而整部电影的投资成本仅为3 000多万元,宣传费用2 000多万元。也就是说,仅仅广告这一项收入就使该公司在电影还未上映之前就收回了4 000万元的投资。

3)版权预售

华谊兄弟公司旗下的子公司——华谊天意影视公司在电视剧开拍之前通过版权预售的形式让电视台预付定金,这样在电视剧开拍的时候公司就有了一定的资金,大大缓解了其在影视制作上的资金压力。

4. 创业板上市筹资

华谊兄弟公司通过上述资本运作已经具备了上市的条件,2009年10月,该公司成功登陆创业板,共发行股票4 200万股,筹集资金120 036万元,每股市值28.58元。华谊兄弟公司在上市公告中明确指出,筹资的资金将在每年投资6部电影以及640集电视剧。拥有了雄厚的资本支持后,华谊兄弟公司新建设了6家高档影院,形成了一套完善的产业链及音乐、电影、电视、经纪人、新媒体等多种业务并存的发展方向。

资料来源:包美兰.电影产业筹资研究——以华谊兄弟公司为例[D].长春:吉林财经大学,2016.

(二) 拓展思考

(1)华谊兄弟公司在创业板成功上市的原因有哪些?

(2)华谊兄弟公司成功的融资案例为我国娱乐型企业筹资提供了哪些启示?

第七章 绩效管理

实训目的

通过本章实训,学生应了解绩效管理的概念,熟悉绩效管理的流程,掌握绩效管理的主要方法,为以后参与企业管理打好基础。

重点难点解析

本章的重点是理解绩效管理的概念及原则,了解绩效管理工具,掌握平衡计分卡、关键绩效指标、经济增加值的运用。

本章的难点是结合案例企业,根据企业的战略规划、业务特点和管理需要,为企业选择一种或两种以上的绩效管理工具方法。

一、知识链接

绩效管理是指企业与员工之间就业绩目标及如何实现业绩目标达成共识,并帮助和激励员工取得优异业绩,从而实现企业目标的管理过程。绩效管理的核心是业绩评价和激励管理。

业绩评价是指企业运用系统的工具方法,对一定时期内企业营运效率与效果进行综合评判的管理活动。业绩评价是企业实施激励管理的重要依据。

激励管理是指企业运用系统的工具方法,调动企业员工的积极性、主动性和创造性,激发企业员工工作动力的管理活动。激励管理是促进企业业绩提升的重要手段。

企业进行绩效管理时,应当遵循以下四项原则。

（1）价值导向原则。绩效管理应为企业实现战略规划服务，支持价值创造能力提升。

（2）客观公正原则。绩效管理应实事求是，评价过程应客观公正，激励实施应公平合理。

（3）规范统一原则。绩效管理的政策和制度应统一明确，应严格执行规定的程序和流程。

（4）科学有效原则。绩效管理应做到目标符合实际，方法科学有效，激励与约束并重，操作简便易行。

绩效管理的主要工具包括关键绩效指标、平衡计分卡、经济增加值、股权激励等。企业可根据自身战略规划、业务特点和管理需要，结合不同管理工具的特征及适用范围，单独使用一种适合的绩效管理工具，也可综合运用两种或两种以上的绩效管理工具。

绩效管理工具应用的一般程序包括制定业绩计划与激励计划、执行业绩计划与激励计划、实施业绩评价与激励、编制业绩评价与激励管理报告。

（一）关键绩效指标

1. 关键绩效指标的定义

关键绩效指标（key performance indicator，KPI）是对企业业绩产生关键影响的指标，是通过对企业战略规划、关键成果领域的业绩特征分析，识别和提炼出的最有效驱动企业价值创造的指标。

2. 适用范围

企业应用关键绩效指标法进行绩效管理时，应综合考虑绩效评价期间宏观经济政策、外部市场环境、内部管理需要等因素，以构建指标体系。企业应有明确的战略规划，战略规划是确定关键绩效指标体系的基础，关键绩效指标反映战略规划目标，对战略规划实施效果进行衡量和监控。

3. 构建关键绩效指标体系的一般流程

（1）制定企业级关键绩效指标。企业应根据战略规划，结合价值创造模式，综合考虑内外部环境等因素，设定企业级关键绩效指标。

（2）制定下级单位（部门）级关键绩效指标。根据企业级关键绩效指标，结合下级单位（部门）关键业务流程，按照上下结合、分级编制、逐级分解的程序，在沟通反馈的基础上，设定下级单位（部门）级关键绩效指标。

（3）制定岗位（员工）级关键绩效指标。根据下级单位（部门）级关键绩效指标，结合员工岗位职责和关键工作价值贡献，设定岗位（员工）级关键绩效指标。

4. 确定关键绩效指标的参考标准

（1）依据国家有关部门或权威机构发布的行业标准或参考竞争对手标准确定。

（2）参照企业内部标准确定，包括企业战略规划目标、年度生产经营计划目标、年度预算目标、历年指标水平等。

（3）不能按前两项方法确定的，可根据经验确定。

5. 常见的关键绩效指标及计算

1）投资资本回报率

投资资本回报率是指企业在一定会计期间取得的息前税后利润占其所使用的全部投资资本的比例，反映企业在会计期间有效利用投资资本创造回报的能力。其计算公式如下：

$$投资资本回报率 = \frac{税前利润 \times (1 - 所得税税率) + 利息支出}{投资资本平均余额} \times 100\%$$

$$投资资本平均余额 = \frac{期初投资资本 + 期末投资资本}{2} \times 100\%$$

$$投资资本 = 有息债务 + 所有者（股东）权益$$

2）净资产收益率

净资产收益率又称权益净利率，是指企业在一定会计期间取得的净利润占其所使用的净资产平均数的比例，反映企业全部资产的获利能力。其计算公式如下：

$$净资产收益率 = \frac{净利润}{平均净资产} \times 100\%$$

3）经济增加值回报率

经济增加值回报率是指企业在一定会计期间内经济增加值与平均资本占用的比值。其计算公式如下：

$$经济增加值回报率 = \frac{经济增加值}{平均资本占用} \times 100\%$$

4）息税前利润

息税前利润是指企业当年实现税前利润与利息支出的合计数。其计算公式如下：

$$息税前利润 = 税前利润 + 利息支出$$

5）自由现金流

自由现金流是指企业一定会计期间经营活动产生的净现金流超过付现资本性支出的金额，反映企业可动用的现金。其计算公式如下：

$$自由现金流 = 经营活动净现金流 - 付现资本性支出$$

6）资产负债率

资产负债率是指企业某一会计期末有息债务占所有者（股东）权益与有息债务之和的比例。其计算公式如下：

$$资产负债率 = \frac{负债总额}{资产总额} \times 100\%$$

7）总资产周转率

总资产周转率是指营业收入与总资产平均余额的比值，反映总资产在一定会计期间内周转的次数。其计算公式如下：

$$总资产周转率 = \frac{营业收入}{总资产平均余额} \times 100\%$$

8）存货周转率

存货周转率是指企业营业收入与存货平均余额的比值，反映存货在一定会计期间内周转的次数。其计算公式如下：

$$存货周转率 = \frac{营业收入}{存货平均余额} \times 100\%$$

9）资本周转率

资本周转率是指企业在一定会计期间内营业收入与平均资本占用的比值。其计算公式如下：

$$资本周转率 = \frac{营业收入}{平均资本占用} \times 100\%$$

10）资本性支出

资本性支出是指企业发生的、其效益涉及两个或两个以上会计年度的各项支出。

11）产量

产量是指企业在一定时期内生产出来的产品的数量。

12）销量

销量是指企业在一定时期内销售商品的数量。

13）单位生产成本

单位生产成本是指生产单位产品而耗费的平均成本。

14）客户满意度

客户满意度是指客户期望值与客户体验的匹配程度，即客户通过对某项产品或服务的实际感知与其期望值相比较后得出的指数。客户满意度收集渠道主要包括问卷调查、客户投诉、与客户的直接沟通、消费者组织的报告、各种媒体的报告和行业研究的结果等。

15）员工满意度

员工满意度是指员工对企业的实际感知与其期望值相比较后得出的指数。主要通过问卷调查、访谈调查等方式，从工作环境、工作关系、工作内容、薪酬福利、职业发展等方面进行衡量。

16）市场份额

市场份额是指一个企业的销售量（或销售额）在市场同类产品中所占的比重。

17）客户获得率

客户获得率是指企业在争取新客户时获得成功部分的比例。该指标可用客户数量增长率或客户交易额增长率来描述。其计算公式如下：

$$客户数量增长率 = \frac{本期客户数量 - 上期客户数量}{上期客户数量} \times 100\%$$

$$客户交易额增长率 = \frac{本期客户交易额 - 上期客户交易额}{上期客户交易额} \times 100\%$$

18）客户保持率

客户保持率是指企业继续保持与老客户交易关系的比例。该指标可用老客户交易增长率来描述。其计算公式如下：

$$老客户交易额增长率 = \frac{老客户本期交易额 - 老客户上期交易额}{老客户上期交易额} \times 100\%$$

19）客户获利率

客户获利率是指企业从单一客户得到的净利润占付出的总成本的比例。其计算公式如下：

$$单一客户获得率 = \frac{单一客户净利润}{单一客户总成本} \times 100\%$$

20）战略客户数量

战略客户数量是指对企业战略规划实现有重要作用的客户的数量。

21）交货及时率

交货及时率是指企业在一定会计期间内及时交货的次数占其总交货次数的比例。其计算公式如下：

$$交货及时率 = \frac{及时交货的订单个数}{总交货订单个数} \times 100\%$$

22）生产负荷率

生产负荷率是指投产项目在一定会计期间内的产品产量占设计生产能力的比例。其计算公式如下：

$$生产负荷率 = \frac{实际产量}{设计生产能力} \times 100\%$$

23）产品合格率

产品合格率是指合格产品数量占总产品数量的比例。其计算公式如下：

$$产品合格率 = \frac{合格产品数量}{总产品数量} \times 100\%$$

24）员工流失率

员工流失率是指企业一定会计期间内离职员工占员工平均人数的比例。其计算公式如下：

$$员工流失率 = \frac{本期离职员工人数}{员工平均人员} \times 100\%$$

$$员工保持率 = (1 - 员工流失率) \times 100\%$$

25）员工生产率

员工生产率是指员工在一定会计期间内创造的劳动成果与其相应员工数量的比值。该指标可用人均产品生产数量或人均营业收入进行衡量。其计算公式如下：

$$人均产品生产数量 = \frac{本期产品生产总量}{生产人数} \times 100\%$$

$$人均营业收入 = \frac{本期营业收入}{员工人数} \times 100\%$$

26）培训计划完成率

培训计划完成率是指培训计划实际执行的总时数占培训计划总时数的比例。其计算公式如下：

$$培训计划完成率 = \frac{培训计划实际执行的总时数}{培训计划总时数} \times 100\%$$

（二）平衡计分卡

1. 平衡计分卡的定义

平衡计分卡（balance score card，BSC）是指基于企业战略规划，从财务、客户、内部业务流程、学习与成长四个维度将战略规划目标逐层分解转化为具体的、相互平衡的业绩指标体系，并据此进行绩效管理的指标体系（图7-1）。平衡计分卡是企业进行绩效管理的重要工具之一，具有战略规划与实施的功能，通常与战略地图等其他工具结合使用。

平衡计分卡的基本框架如图7-1所示。其中，财务维度以财务术语描述了战略规划的有形成果，常用指标有投资资本回报率、净资产收益率、经济增加值回报率、息税前利润、自由现金流、资产负债率、总资产周转率等；客户维度界定了目标客户的价值主张，常用指标有市场份额、客户满意度、客户获得率、客户保持率、客户获利率、战略客户数量等；内部业务流程维度确定了对战略规划产生影响的关键流程，常用指标有交货及时率、生产负荷率、产品合格率、存货周转率、单位生产成本等；学习与成长维度确定了对战略最重要的无形资产，常用指标有员工流失率、员工生产率、培训计划完成率、员工满意度。

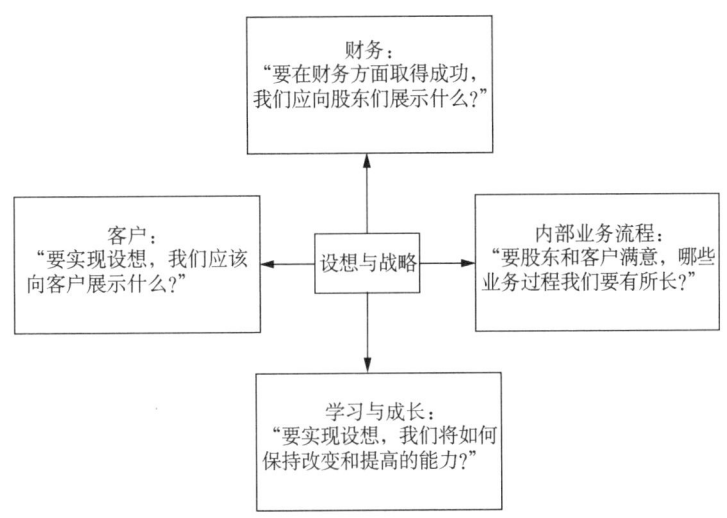

图7-1　平衡计分卡的基本框架

2. 适用范围

平衡计分卡适用于战略规划目标明确、管理制度比较完善、管理水平相对较高的企业。平衡计分卡的应用对象可为企业、部门或员工。

3. 构建平衡计分卡指标体系的一般流程

1）制定企业级指标体系

根据企业层面的战略地图，为每个战略主题的战略规划目标设定指标，每个目标至少应有1个指标。

2）制定下级单位（部门）级指标体系

依据企业级战略地图和指标体系，制定下级单位（部门）的战略地图，确定相应的指标体系,协同各下级单位(部门)的行动与企业战略规划目标保持一致。

3)制定岗位(员工)级指标体系

根据企业、下级单位(部门)级指标体系,按照岗位职责逐级形成岗位(员工)级指标体系。

4. 注意事项

(1)在构建平衡计分卡指标体系时,应注重短期目标与长期目标的平衡、财务指标与非财务指标的平衡、结果性指标与动因性指标的平衡、企业内部利益与外部利益的平衡。平衡计分卡每个维度的指标通常为 4～7 个,总数量一般不超过 25 个。

(2)平衡计分卡指标体系构建时,企业应以财务维度为核心,其他维度的指标都与核心维度的一个或多个指标相联系。通过梳理核心维度目标的实现过程,先确定每个维度的关键驱动因素,再结合战略主题选取关键业绩指标。

(三)经济增加值

1. 经济增加值的定义

经济增加值(economic value added,EVA)是指从税后净营业利润中扣除包括股权和债务的全部投入资本成本后的所得。

2. 经济增加值的计算公式

实务中,经济增加值的计算公式如下:

经济增加值＝会计利润±利润调整－(占用资本±资本调整)×加权平均资本成本率

2009 年 12 月 28 日,我国发布了《中央企业负责人经营业绩考核暂行办法》,该暂行办法引入了经济增加值指标对中央企业进行业绩考核,并明确了经济增加值的计算规则。其计算公式为:

经济增加值＝税后净营业利润－资本成本
＝税后净营业利润－调整后资本×平均资本成本率

其中,税后净营业利润＝净利润＋(利息支出＋研究开发费用调整项－非经常性收益调整项×50%)×(1－25%);调整后资本＝平均所有者权益＋平均负债合计－平均无息流动负债－平均在建工程。此外,资产成本率原则上定为 5.5%,而对于承担国家政策性任务较重且资产通用性较差的企业,资本成本率定为 4.1%;对于资产负债率在 75% 以上的工业企业和资产负债率在 80% 以上的非工业企业,资本成本率上浮 0.5 个百分点;资本成本率确定后,3 年保持不变。

（四）股权激励

股权激励是指通过给予经营者企业股权的形式,使他们能够以股东的身份参与企业决策、分享利润、承担风险,从而勤勉尽责地为企业的发展长期服务的一种激励方法。目前,股权激励模式主要有股票期权激励、限制性股票激励、股票增值权激励、业绩股票激励和虚拟股票激励等。

1. 股票期权激励

股票期权激励是指企业授予激励对象的一种权利,即激励对象可以在规定的时间内以事先确定的价格购买一定数量的本企业流通股票,也可以放弃这种权利。股票期权的行权也有时间和数量限制,且需激励对象自行行权并支出现金。此外,我国有些上市企业还应用虚拟股票期权的激励模式,即企业授予激励对象的是一种虚拟的股票认购权,激励对象行权后获得的是虚拟股票。

2. 限制性股票激励

限制性股票激励是指事先授予激励对象一定数量的企业股票,但对股票的来源、抛售等有一些特殊限制,一般只有当激励对象完成特定目标(如扭亏为盈)后,激励对象才可抛售限制性股票并从中获益。

3. 股票增值权激励

股票增值权激励是指企业授予激励对象的一种权利,即如果企业股价上升,激励对象可通过行权获得相应数量的股价升值收益,激励对象不用为行权付出现金,且行权后获得现金或等值的企业股票。

4. 业绩股票激励

业绩股票激励是指企业在年初确定一个较为合理的业绩目标,如果激励对象到年末达到预定的目标,则企业授予其一定数量的股票或提取一定的奖励基金让其购买企业股票。但业绩股票的流通变现通常有时间和数量限制。

5. 虚拟股票激励

虚拟股票激励是指企业授予激励对象一种虚拟的股票,激励对象可以据此享受一定数量的分红权和股价升值收益,但虚拟股票不能转让和出售,在激励对象离开企业时,其所拥有的虚拟股票自动失效。

二、案例分析

（一）万科平衡计分卡绩效管理

1. 案例介绍

万科企业股份有限公司(以下简称万科)成立于1984年,1988年进入房地产行业,是目前中国最大的专业住宅开发企业,一直以来,万科以其绝对领先的销售业绩稳居中国房地产行业龙头老大地位。

万科在制度和流程管理上拥有健全成熟的企业系统,并善于不断创新,在企业内部形成了"忠实于制度""忠实于流程"的价值观和企业文化,曾连续六次获得"中国最受尊敬企业"称号,并先后登上《福布斯》发布的"全球200家最佳中小企业""亚洲最佳小企业200强""亚洲最优50大上市公司"排行榜。多年来,万科以其稳健的经营、良好的业绩和规范透明的管理赢得了投资者和社会各界的好评。

万科的企业价值观主要包括:①客户是万科永远的伙伴;②人才是万科的资本;③对内平等,对外开放,致力于建设"阳光照亮的体制";④持续的增长和领跑。由此可以看出,强烈的客户意识贯穿于万科的企业价值观中,而且其价值观正好与平衡计分卡的客户、内部流程管理、成长与创新等理念相呼应。因此,万科的企业文化为其引进平衡计分卡奠定了基础。

万科根据其战略目标,以平衡计分卡的四个维度(财务层面、客户层面、内部业务流程层面、学习与成长层面)为核心,通过分析这四个层面目标的相互关系绘制了企业战略地图(如图7-2所示)。其核心内容包括:企业通过运用人力资本、信息资本和组织资本等无形资产,创新并建立战略优势和效率,使企业把特定价值带给市场,从而实现股东价值。

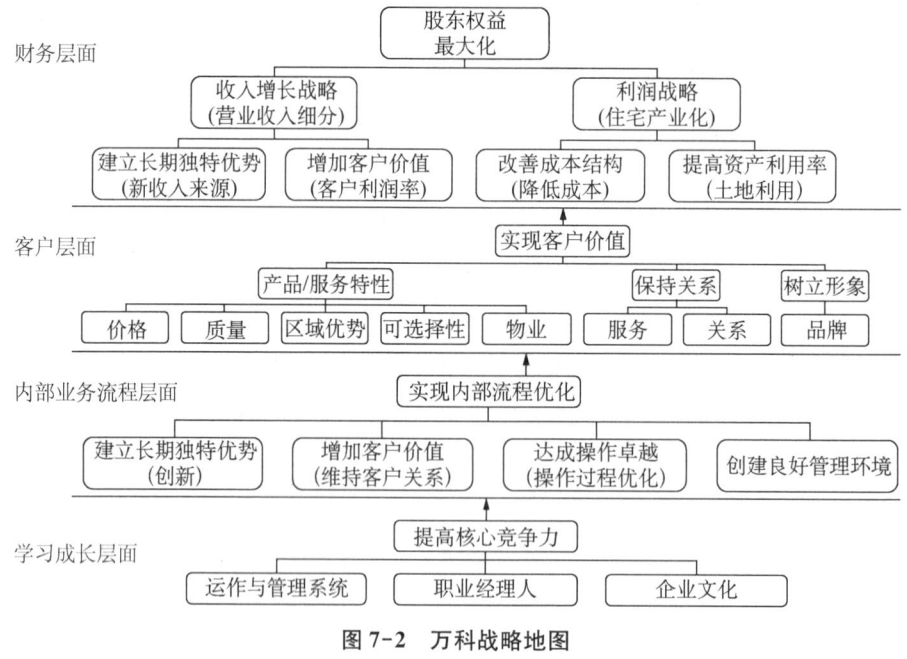

图7-2 万科战略地图

资料来源:唐毅泓,刘曦.万科平衡计分卡应用带来的启示[EB/OL].(2015-06-20)[2020-03-06]. https://wenku.baidu.com/view/dfd3dd8eeff9aef8951e0669.html? rec_flag=default&sxts=1584336436089.

2. 问题思考

根据上述资料,分析并制定万科的绩效管理指标体系。

3. 要点分析

1) 财务层面

财务报表是企业经营的结果,万科用净利润、集团资源回报率考核各一线企业,同时,各一线公司还要证明其在上述财务指标之外实现了企业价值的增值,这些价值不以实际利润的形式存在,但会影响一段时期的收益。财务层面的具体考核指标如表7-1所示。

表7-1　财务层面考核指标

考核目标	具体考核指标
实现项目预期利润	项目净利润
提高项目盈利能力	集团资源回报率、项目销售毛利率、项目销售额、销售均价
控制成本费用,优化成本结构	土地成本比重、单方建安成本、单方管理费用、单方销售费用
提高项目资金利用率,保证资金平衡和现金畅通	土地储备周转率、单位开发面积的资金成本、应收账款回收期、商品达到可销售状态时间、每年可销售商品房数量

2) 客户层面

客户是企业利润的根本来源,客户理应成为企业关注的焦点。平衡计分卡客户层面的核心就是满足客户,向客户提供其所需的产品和服务,从而提高企业竞争力。"客户是我们永远的伙伴"被列为万科价值观的第一条,是对万科平衡计分卡客户层面的总结性阐释。客户层面的具体考核指标如表7-2所示。

表7-2　客户层面考核指标

考核目标	具体考核指标
了解目标市场与客户	目标与区域市场占有率、产品结构合理性
提供客户满意的产品与服务	客户满意度、客户推荐购买率、客户忠诚度
提升企业形象,增加产品附加值	媒体宣传覆盖率、品牌认知度与影响力
创造良好外部关系	合作方满意度

3) 内部业务流程层面

确定经营优势及核心竞争力是内部流程层面的核心。万科注重对产品、市场和客户的把握,不断地进行创新,努力创造自身的核心竞争力,根据业务流程在企业的各管理环节中设立具体指标,形成测评体系,努力实现产品差异化战略带来的经济效益。内部流程层面考核指标如表 7-3 所示。

表 7-3　内部业务流程层面考核指标

考核目标	具体考核指标
提高项目设计水平	市场与产品的把握能力、出图时间、设计的创新
加强项目开发能力与业务拓展能力	业务区域拓展、土地储备率
明确合理的开发节奏与计划,有效降低风险	开工、开盘、入住时间、具备抵押贷款、提供融资抵押物、资金解决方案
缩短工程周期和提高工程质量,实现资源的整合	竣工时间、现场管理组织架构、工程合格率、企业资源共享度

4) 学习与成长层面

保证企业的持续发展是学习与成长层面的核心内容。企业的成长与员工的能力素质和企业竞争力的提高息息相关,企业唯有不断学习与创新才能实现长远的发展。运作与管理系统、职业经理人和企业文化构成了万科平衡计分卡的这一层面。学习成长层面考核指标如表 7-4 所示。

表 7-4　学习与成长层面考核指标

考核目标	具体考核指标
提高人才储备管理	员工培训比率与周期、储备人才比率
优化人力资源配备	主要职位合格人数比率、主要岗位人才满意度
创造和谐的工作氛围,支持战略执行	员工满意度、员工岗位交叉培训度

5) 各绩效管理指标权重

万科企业层面的考核指标体系分为平衡计分卡指标体系和重大事项指标两部分,其中,平衡计分卡指标体系是保障企业实现长远发展战略目标的基础,具有绝对重要性,计分为 90 分;重大事项指标对企业而言也具有相当重要的影响,计分为 10 分。各项指标考核得分以实际完成情况为评价标准,其计算公式如下:

企业层面考核得分＝平衡计分卡指标考核得分＋重大事项指标考核得分

在平衡计分卡指标体系四个维度的权重分配上,由于财务维度反映了企业的最终目标,因此其权重应高于其他三个维度,即财务维度计分为 30 分,其余三个维度分别按照 20 分计分。同时,在每个维度内部,由于不同时期企业工作重点有所不同,不同的指标权重在不同时期也会适当调整。在各维度内部指标权重分配上,既要突出重点,又不能差距过大,如果某项指标权重太低将失去指标考核评价的价值。万科企业层面绩效管理指标权重如表 7-5 所示。

表 7-5　万科企业层面绩效管理指标权重

维度	维度权重	指标	指标权重
财务	30	项目净利润	4
		集团资源回报率	3
		项目销售毛利率	3
		项目销售额	2
		销售均价	1
		土地成本比重	2
		单方建安成本	2
		单方管理费用	2
		单方销售费用	2
		土地储备周转率	2
		单位开发面积的资金成本	2
		应收账款回收期	2
		商品达到可销售状态时间	2
		每年可销售商品房数量	1
客户	20	目标与区域市场占有率	3
		产品结构合理性	3
		客户满意度	4
		客户推荐购买率	2
		客户忠诚度	3
		媒体宣传覆盖率	1
		品牌认知度与影响力	2
		合作方满意度	2
内部业务流程	20	市场与产品的把握能力	4
		出图时间	2
		设计的创新	1
		业务区域拓展	1
		土地储备率	2
		开工、开盘、入住时间	1
		具备抵押贷款、提供融资抵押物、资金解决方案	1

（续表）

维度	维度权重	指标	指标权重
内部业务流程	20	竣工时间	2
		现场管理组织架构	2
		工程合格率	3
		企业资源共享度	1
学习与成长	20	员工培训比率与周期	3
		储备人才比率	3
		主要职位合格人数比率	5
		主要岗位人才满意度	4
		员工满意度	3
		员工岗位交叉培训度	2
重大事项指标	10	再融资额	5
		投资回报率	5

（二）某石化公司 EVA 业绩考核

1. 案例介绍

某石化公司是我国特大型石油石化企业集团，致力于石油、天然气的勘探和开采，以及石油产品和化工产品的生产与销售。2010 年起，国务院国有资产监督管理委员会在中央企业中全面推行经济增加值考核，并将经济增加值作为中央企业负责人年度经营业绩考核的基本指标之一，净资产收益率指标被经济增加值所取代。在 2011 年中央企业经济增加值排行榜上，该石化公司位居前列。表 7-6 是该石化公司 2007—2011 年净利润和经调整计算的经济增加值对照表。

表 7-6　某石化公司 2007—2011 年净利润和经济增加值　　单位：万元

项目＼年份	2007	2008	2009	2010	2011
净利润	57 153	24 871	64 000	76 843	76 864
经济增加值	60 608	−1 212	349 64	62 455	41 950

2. 问题思考

根据上述资料，分析采用经济增加值作为绩效考核基本指标的必要性。

3. 要点分析

从表 7-6 可以看出，除 2007 年该石化公司的经济增加值与净利润相比略高外,其余年份经济增加值均低于净利润,尤其是 2008 年,该石化公司净利润达到 24 871 万元,而其经济增加值却为负值,两者差距甚大。这反映出以净利润指标作为业绩评价指标的不足,因为企业有利润不一定能实现价值创造,股东的财富也不一定能保值增值。因此,只有在业绩评价中引入经济增加值才能反映企业是否真正实现了价值创造。

三、实训演练

(一) 业绩考核评价实训

1. 案例阅读

甲公司是一家大型能源上市企业,为了加强公司管理,董事会决定实施定量化的业绩评价,该公司业绩考核如表 7-7 所示。

表 7-7　甲公司业绩考核表

指标类型	考核指标	考核标准	计分方法
财务指标	利润	公司下达的年度计划	基本分为 10 分,考核指标每增加或减少 1%,则考核得分相应增加或扣减 0.5 分,最多增加或扣减不超过 10 分
	还贷	公司下达的年度还贷计划	基本分为 50 分,考核指标每减少 1%,则考核得分相应扣减 1 分,最多扣减不超过 20 分
经营指标	发电量	核定的计划电量	基本分为 40 分,考核指标每超发或欠发 1%,则考核得分相应增加或扣减 1 分,最多增加或扣减不超过 20 分
	安全生产	不发生特大、重大、人员死亡等事故	不计分,直接嘉奖和扣罚工资总额:①发生特大事故的,扣罚工资 50 万元;②发生重大失误的,扣罚工资 10 万元;③发生人员死亡的,每死亡 1 人,扣罚工资 5 万元
重点工作指标	达标创一流、单位发电能耗等	公司下达的重点工作计划	①圆满完成且有突出成绩的,不扣分;②已落实工作部署,有计划安排、有行动但尚未完成的,扣 5 分;③没有落实措施,也没有实际行动的,扣 10 分;④介于三种状态之间的,在相应分数区间内扣分

2. 实训要求

根据上述资料,对甲公司的业绩考核表做出评价。

(二) EVA 计算分析实训

1. 案例阅读

乙公司是一家大型高科技集团上市公司,主营手机、电脑以及其他电子产品,其生产、研发与销售部门遍及全球各地。近年来,该公司财务战略目标日益明晰,高度重视公司价值管理,构建了以经济增加值最大化为核心目标、以持续盈利能力和长期现金流量现值为辅助目标的财务战略目标体系。表 7-8 为该公司三个业务板块的基础财务数据。

表 7-8 乙公司三个业务板块的基础财务数据   单位:万元

项目	业务板块 A		业务板块 B		业务板块 C	
	2010 年	2011 年	2010 年	2011 年	2010 年	2011 年
调整后资本	80 000	100 000	70 000	90 000	100 000	140 000
净资产收益率	12.50%	12.50%	17.50%	17.00%	14.00%	16.00%
平均资本成本率	15.00%	15.00%	15.00%	15.00%	15.00%	15.00%
税后净营业利润	10 000	12 500	12 250	15 300	14 000	22 400

2. 实训要求

根据上述资料,分别计算乙公司三个业务板块 2010 年、2011 年的经济增加值,并根据经济增加值对各业务板块的业绩由高到低进行排序(要求列出计算过程)。

四、延伸阅读与拓展思考

(一) 延伸阅读:对员工最大的负责不是养着他,而是淘汰他

"华为的危机以及萎缩、破产是一定会来到的",任正非在《华为的冬天》中如是说。华为公司一直以来都强调,员工要时刻保持危机意识。当然了,华为人作为实干家,不光是嘴上说说而已,其绩效考核成绩排名最后 5% 的员工都会被淘汰,这就是所谓的末位淘汰制。

华为公司实施末位淘汰与其要求员工要保持强烈的危机意识,目的是一致的,但保持每年 5% 的自然淘汰率比进行裁员更有利于华为公司的人员管理,更能促进全体员工努力前进,让员工更有危机感和紧迫意识。员工为了不被淘汰,就必须不断地提高自己、调整自己,以适应公司的要求和发展形势。这种能上能下、有进

有出的竞争机制也给华为公司带来了活力。任正非在《能工巧匠是我们企业的宝贵财富》一文中写道："由于市场和产品已经发生了结构上的大改变,现在有一些人员已经不能适应这种改变了,我们要把一些人裁掉,换一批人。因此每一个员工都要调整自己,尽快适应公司的发展,使自己跟上公司的步伐,不被淘汰。只要你是一个很勤劳、认真负责的员工,我们都会想办法帮你调整工作岗位,不让你被辞退,我们还在尽可能的情况下保护你。但是我们认为这种保护的能力已经越来越弱了,虽然从华为公司总的形势来看还是好的,但入关的钟声已经敲响,再把公司当成天堂,我们根本就不可能活下去。因为没有人来保证我们在市场上是常胜将军。"

对于被排在末位的员工,对于不能吃苦受累的员工,任正非的态度非常坚决——裁掉走人。任正非在《迎接挑战,苦练内功,迎接春天的到来》一文中写道:"排在后面的还是要请他走的。在上海办事处时,上海的用户服务主任跟我说,他们的人多为独生子女,挺娇气的。我说,独生子女回去找你妈妈去,我们送你上火车,再给你买张火车票,回去找你妈去,我不是你爹也不是你妈。各位,只要你怕苦怕累,就裁掉你,就走人。"

末位淘汰制看起来非常残酷,但是却给华为公司带来了很多好处,如激发了员工的斗志、提高了员工的工作效率等。所以,企业对员工真正的负责,不是一直养着他,而是逼迫他快速成长。华为公司就是这样,采取末位淘汰这样的负激励方式,最大限度地逼迫员工开发出自己的潜能,让员工在华为公司不仅收获到普遍高于市场价的酬劳,而且更重要的是收获最好的自己!

资料来源:文丽颜,张继辰.华为的人力资源管理[M].深圳:海天出版社,2012.

(二) 拓展思考

结合绩效管理理论,请对华为公司的末位淘汰制进行评价。

第八章 风险管理

实训目的

通过本章实训,学生应对风险管理有一个系统的认识,把握风险管理在管理会计体系中的位置,理解和掌握风险管理的定义、原则和目标,熟悉风险管理的主要内容、方法及工具。

重点难点解析

本章的重点是理解风险的概念及风险的种类,了解风险管理的目标,掌握风险管理的应用环境以及风险管理的流程,并运用风险管理技术与方法做出决策。

本章的难点是结合案例背景识别企业面临的风险,判断风险种类,对风险管理技术与方法中涉及的各种工具的适用性、优缺点能够加以区分,并运用风险管理技术与方法解决实际问题。

一、知识链接

(一) 企业风险

1. 企业风险的概念

企业风险是指不确定事项对企业实现战略与经营目标产生的影响。理解这个定义需要把握以下四个方面。

(1) 企业风险与企业战略相关。企业经营的战略目标不同,面临的风险也不同。

（2）企业风险是一系列可能发生的结果，不能简单理解为最有可能的结果。

（3）风险既具有客观性，又具有主观性。

（4）风险与机遇并存。正面风险称为机会，负面风险称为威胁。

2．企业风险的种类

根据风险的来源以及范围，企业风险可分为外部风险和内部风险。

1）外部风险

外部风险包括法律风险、政治风险和经济风险，它们之间是相互影响、相互联系的。如果一个国家的法律健全稳定，其政治相应也会比较稳定，同时市场竞争也会更公平和规范，那么企业的整体经营环境就会较好，其决策和行动就会具有可预期性。

2）内部风险

企业的内部风险包括战略风险、财务风险、运营风险等。也就是说，企业的内部风险源自企业自身的运营业务，如企业战略的制定、财务的运行等。

（二）风险管理

1．风险管理的定义

风险管理是指企业为实现经营管理目标，对企业风险进行有效识别、评估、预警和应对等管理活动的过程。风险管理具有战略性、全员化、专业性、二重性、系统性等特征。需要注意的是，企业风险管理并不能替代内部控制。

2．风险管理的原则

企业进行风险管理时一般应遵循以下四项原则。

（1）融合性原则，即企业风险管理应与企业的战略设定、经营管理及业务流程相结合。

（2）全面性原则，即企业风险管理应覆盖企业所有的风险类型、业务流程、操作环节和管理层级。

（3）重要性原则，即企业应对风险进行评价，确定需要进行重点管理的风险，并有针对性地实施重点风险监测和应对。

（4）平衡性原则，即企业应权衡风险与回报、成本与收益之间的关系。

3．风险管理的目标

（1）确保将风险控制在与总体目标相适应并可承受的范围内。

（2）确保内外部，尤其是企业与股东之间实现真实、可靠的信息沟通，包括编制和提供真实、可靠的财务报告。

（3）确保遵守有关法律法规。

（4）确保企业有关规章制度和重大措施的贯彻执行,保障经营管理的有效性,提高经营活动的效率和效果,降低实现经营目标的不确定性。

（5）确保企业建立针对各项重大风险发生后的危机处理机制,保护企业不因灾害性风险或人为失误而遭受重大损失。

（三）风险管理的应用环境

企业风险管理通常适用于管理制度比较完善、管理水平相对较高的企业。企业在开展风险管理前,应做好以下四点准备。

（1）强化风险管理意识,形成与本企业经营状况相适应的风险管理理念,培育和塑造良好的风险管理文化,建立风险管理培训、传达、监督和激励约束机制,将风险管理意识转化为员工的共同认识和自觉行动。

（2）根据相关法律法规的要求和风险管理的需要,建立组织架构健全、职责边界清晰的风险管理结构,明确董事会、监事会、管理层、业务部门、风险管理责任部门等在风险管理中的职责分工,建立风险管理决策、执行、监督与评价等既相互分离与制约又相互协调的职能运行机制。

（3）建立健全能够涵盖风险管理主要环节的风险管理制度体系,包括风险管理决策制度、风险识别与评估制度、风险监测预警制度、应急处理制度、风险管理评价制度、风险管理考核制度等。

（4）加强信息技术在风险管理中的应用,建立与业务、财务相融合的信息系统。

（四）风险管理的基本流程

如图 8-1 所示,风险管理的基本流程主要包括收集风险信息、进行风险评估、制定风险管理策略、提出和实施风险管理解决方案以及监督与改进风险管理措施等五个步骤。

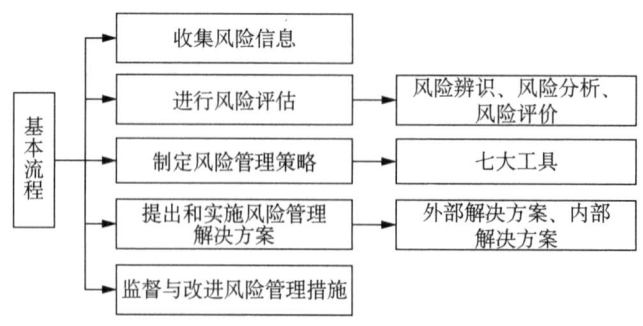

图 8-1　风险管理基本流程

1. 收集风险信息

风险信息的收集是企业风险管理活动的基础,针对不同风险类型,其风险管理的关注点有所不同,各种风险相关信息如表8-1所示。

表8-1　各种风险相关信息

项目	内容
战略风险	① 国内外宏观经济政策以及经济运行情况、本行业状况、国家产业政策 ② 科技进步、技术创新的有关内容 ③ 市场对本企业产品或服务的需求 ④ 与企业战略合作伙伴的关系,未来寻求战略合作伙伴的可能性 ⑤ 本企业主要客户、供应商及竞争对手的有关情况 ⑥ 与主要竞争对手相比,本企业实力与差距 ⑦ 本企业发展战略和规划、投融资计划、年度经营目标、经营战略,以及编制这些战略、规划、计划、目标的有关依据 ⑧ 本企业对外投融资流程中曾发生或易发生错误的业务流程或环节
市场风险	① 产品或服务的价格及供需变化 ② 能源、原材料、配件等物资供应的充足性、稳定性和价格变化 ③ 主要客户、主要供应商的信用情况 ④ 税收政策和利率、汇率、股票价格指数的变化 ⑤ 潜在竞争者、竞争者及其主要产品、替代品情况
财务风险	① 负债、或有负债、负债率、偿债能力 ② 现金流、应收账款及其占销售收入的比重、资金周转率 ③ 产品存货及其占销售成本的比重、应付账款及其占购货额的比重 ④ 制造成本和管理费用、财务费用、营业费用 ⑤ 盈利能力 ⑥ 成本核算、资金结算和现金管理业务中曾发生或易发生错误的业务流程或环节 ⑦ 与本企业相关的行业会计政策、会计估算、与国际会计制度的差异与调节(如退休金、递延税项等)等信息
法律风险	① 国内外与本企业相关的政治、法律环境 ② 影响企业的新法律法规和政策 ③ 员工道德操守的遵从性 ④ 本企业签订的重大协议和有关贸易合同 ⑤ 本企业发生重大法律纠纷案件的情况 ⑥ 企业和竞争对手的知识产权情况
运营风险	① 产品结构、新产品研发 ② 新市场开发、市场营销策略,包括产品或服务定价与销售渠道,市场营销环境状况等 ③ 企业组织效能、管理现状、企业文化,高、中层管理人员和重要业务流程中专业人员的知识结构、专业经验 ④ 期货等衍生产品业务中曾发生或易发生失误的流程和环节 ⑤ 质量、安全、环保、信息安全等管理中曾发生或易发生失误的业务流程或环节 ⑥ 因企业内外部人员的道德风险致使企业遭受损失或业务控制系统失灵 ⑦ 对企业造成损失的自然灾害以及除上述有关情形之外的其他纯粹风险 ⑧ 对现有业务流程和信息系统操作运行情况的监管、运行评价及持续改进能力 ⑨ 企业风险管理的现状和能力

2. 进行风险评估

企业在日常工作中,除了按上述内容收集风险信息外,还应根据实际情况收集其他必要信息,并对收集的信息进行必要的筛选、提炼、对比、分类、组合,以便进行风险评估。风险评估的流程包括风险辨识、风险分析和风险评价三个步骤。企业进行风险评估时,应将定性和定量方法相结合,并坚持以下原则。

1) 整体性原则

风险造成的损失往往是多方面的,风险评估时必须从整体出发,全面、系统地考虑造成损失的各种因素及损失的各个方面,并考虑这些因素之间的作用和联系。

2) 统一性原则

风险管理部门对企业中各风险因素评估的标准尺度要保持统一,与风险因素和企业无关的资料不能作为风险评估的依据。

3) 客观性原则

风险评估的方式和方法多种多样,采用不同的方式衡量、评价风险可获得不同的结果,因此风险评估应尽可能地使预测、评估的结果与实际发生的损失相一致,尽可能反映客观存在的风险,以免造成不必要的损失。

4) 可操作性原则

风险评估的对象一般是涉及面广、管理难度大的项目,这就要求企业灵活运用具有可操作性和通用性的风险评估方法,尽量避免使用高深、烦琐的评估方法。

3. 制定风险管理策略

制定风险管理策略是指企业根据自身条件和外部环境,围绕企业发展战略确定风险偏好、风险承受度、风险管理有效性标准,选择风险承担、风险规避、风险转移、风险转换、风险对冲、风险补偿、风险控制等风险管理工具的总体策略,并确定风险管理所需人力和财力资源的配置原则。

4. 提出和实施风险管理解决方案

按照风险管理的基本流程,制定风险管理策略后的工作是制定实施风险管理解决方案,也就是执行前一阶段制定的风险管理策略,进一步落实风险管理工作。在这一阶段,企业应根据风险管理策略,针对各类风险或每一项重大风险制定风险管理解决方案。风险管理解决方案可以分为外部解决方案和内部解决方案。

1) 外部解决方案

外部解决方案一般指企业经营活动外包。经营活动外包是企业利用产业链专业分工提高运营效率的必要措施。企业在制定风险管理外部解决方案时,应注重成本与收益的平衡、外包工作的质量、自身商业秘密的保护以及防止自身对经营活动外包的依赖等,并制定相应的预防和控制措施。

2）内部解决方案

内部解决方案是指风险管理体系的运转，在具体实施中，它一般是以下几种手段的综合应用：风险管理策略、组织职能、内部控制（包括政策、制度、程序）、信息系统（包括报告体系）、风险理财措施。企业在制定风险管理内部解决方案时，应满足合规的要求，坚持经营战略与风险策略一致、风险控制与运营效率相平衡的原则，并针对重大风险所涉及的各管理及业务流程采取涵盖各个环节的全流程控制措施。

5. 监督与改进风险管理措施

风险管理基本流程的最后一个步骤是监督与改进风险管理，即对风险管理基本流程中各步骤的实施情况进行监督，对风险管理的有效性进行检验，并根据变化情况及时加以改进。

企业应建立贯穿于整个风险管理基本流程，连接各上下级、各部门和业务单位的风险管理信息沟通渠道，确保信息沟通的及时、准确、完整。

企业各有关部门和业务单位应定期对风险管理工作进行自查和检验，发现问题应及时提出改进方案，其检查、检验报告应及时报送企业风险管理职能部门。

企业内部审计部门至少应每年一次对包括风险管理职能部门在内的各有关部门和业务单位的工作效果进行监督评价，其监督评价报告应直接报送董事会或董事会下设的风险管理委员会和审计委员会。

（五）风险管理的方法

1. 头脑风暴法

头脑风暴法又称智力激励法、自由思考法，是同一工作小组人员在正常融洽和不受任何限制的气氛中畅所欲言、开展集体讨论的方法。头脑风暴法在风险管理中的适用范围、实施步骤及优点、缺点如表 8-2 所示。

表 8-2　头脑风暴法简介

项目	内容
适用范围	头脑风暴法适用于充分发挥专家意见，在风险识别阶段对风险进行定性分析
实施步骤	首先进行会前准备，由主持人介绍会议主题，参会人员在轻松自由的环境中发言，在此过程中其他参会者不得打断与评价，最后由书记员进行意见分类整理，从中整理出 2～3 个方案备选
优点	① 激发了参与者的想象力，有助于发现新的风险和全新的解决方案 ② 让主要的利益相关者参与其中，有助于进行全面沟通 ③ 速度较快并易于开展

（续表）

项目	内容
缺点	① 参与者可能缺乏必要的技术及知识，无法提出有效的建议 ② 由于头脑风暴法相对松散，因此较难保证过程的全面性 ③ 可能会出现特殊的小组状况，导致某些有重要观点的人保持沉默而其他人成为讨论的主角 ④ 实施成本较高，这些不确定因素会影响头脑风暴法实施的效果

2. 决策树法

决策树法是指在已知各种情况发生概率的基础上，运用概率与图论中的树对决策中的不同方案进行比较，以此来评价项目风险并判断其可行性的决策分析方法，是直观运用概率分析的一种图解法。决策树法在风险管理中的适用范围、实施步骤及优点、缺点如表 8-3 所示。

表 8-3　决策树法简介

项目	内容
适用范围	决策树法适用于对不确定性投资方案的期望收益进行定量分析
实施步骤	决策树中的方块代表决策节点，从它引出的分枝叫方案分枝，每条分枝代表一个方案，分枝数就是可能的方案数。决策树中的圆圈代表方案节点，从它引出的分枝叫概率分枝，概率分枝数反映了该方案面对的可能状态数。首先根据各方案分枝的损益值和概率分枝的概率计算出期望收益值的大小，确定方案的期望结果；然后根据不同方案的期望结果做出选择，开始对决策树进行剪枝，在每个决策结点删除最高期望值以外的其他所有分枝；最后步步推进到第一个决策结点，这时就找到了问题的最佳方案
优点	① 对决策问题的细节提供了一种清楚的图解说明 ② 能够计算出到达一种情形的最优路径
缺点	① 大的决策树可能过于复杂，不容易与其他人交流 ② 为了能够用树形图表示，可能有过于简化环境的倾向

3. 损失期望值分析法

损失期望值分析法是一种度量项目风险的方法，它首先是分析和估计项目风险概率和项目风险可能带来的损失大小，然后将两者相乘，求出项目风险的损失（或收益）期望值，并使用项目损失（或收益）期望值去度量项目风险。损失期望值分析法在风险管理中的适用范围、使用步骤及优点、缺点如表 8-4 所示。

表 8-4　损失期望值分析法简介

项目	内容
适用范围	损失期望值分析法适用于对不确定性投资方案的损失期望值进行定量分析

（续表）

项目	内容
使用步骤	首先确定项目风险概率和项目风险损失大小,然后将项目风险概率与项目风险损失相乘得到数值,最后选择收益损失期望值最小的方案作为最佳决策方案
优点	在不确定的情况下得出了风险损失的数值,有利于管理层对决策进行分析
缺点	① 期望值是基于反复多次尝试而得出的数学概率,但实际的经济业务只有一次 ② 可能出现极端数值影响期望值的计算

二、案例分析

（一）M 公司风险管理体系建设案例分析

1. 案例介绍

M 工程机械有限公司(以下简称 M 公司)成立于 2010 年,是一家以挖掘机生产及销售、工程机械配件生产及销售为主营业务的工程机械类企业。M 公司是集研发和制造为一体的中型企业,拥有资产 3 000 余万元、职工 200 余人。经过十几年的发展,M 公司在业内取得良好口碑,并保持了较好的业绩水平。近些年来,我国工程机械行业得到了突飞猛进的发展,行业内绝大多数企业业绩持续增长,不断创出历史新高,但与此同时企业也面临着很多问题,积聚了许多潜在的风险。

在建立全面风险管理体系以前,M 公司已经建立了一套相对完整的管理组织机构,包括营销部、技术中心、财务部、生产制造部、人力资源与管理部,此外,公司还规定了部门职责,并制定了各部门管理制度,公司内各部门按照部门职责及规章开展业务。但在实际工作中,M 公司存在以下诸多问题:一是内部管理中缺乏风险管理理念,未将风险识别、风险评估和风险控制写入管理制度;二是业务过程未形成全面覆盖的风险管理网络,从生产到销售都需要多部门协同合作,每一个环节和步骤都可能存在风险;三是缺乏全员风险管理意识,其风险管理主要由管理层推动与实施。

现在,M 公司决定以现有管理体系为基础,将风险管理融入日常生产经营活动中,建立全面风险管理体系,促进公司健康平稳发展。

2. 问题思考

结合 M 公司案例,从风险管理的角度出发,为 M 公司建立全面风险管理体系。

3. 要点分析

建立全面风险体系首先要从建立完整的应用环境出发,然后再进行风险信息收集与评估、风险管理应对、风险跟踪管理与报告。

1）应用环境

（1）组织架构。建议 M 公司将风险管理的职责在总经理以下各部门中进行分解，将市场风险、技术风险、财务风险、制造风险等具体风险识别管理工作详细划归至营销部、技术中心、财务部、生产制造部，最终由人力资源与管理部负责协调推进。这样，M 公司就可建立起一套能有效运转的全面风险管理组织体系。

（2）管理制度。M 公司需要制定一套全面风险管理的纲领性文件和具体操作指南，对如何进行公司内部风险识别、风险评估、风险控制等过程以及如何进行重大风险事件管理进行具体规定。

（3）应用基础。根据该风险发生对 M 公司资产、商誉等的影响程度，将风险等级分为严重、较严重、一般和轻微四个级别，并针对不同风险级别采取不同的反应措施。

2）应用程序

（1）风险信息收集。根据 M 公司业务特点、管理特点及对历史经验的梳理，总结出采购、仓储、技术、制造、市场、管理等每个环节及每个部门容易发生风险的节点，各部门针对以上环节中的风险分布点做好风险信息的收集工作，并且要对收集的初始信息进行必要的筛选、提炼、对比、分类、组合，以便进行风险评估。

（2）风险评估。M 公司完成风险管理初始信息收集工作以后，需进行风险评估工作。建议由风险管理部门牵头，各个部门根据自身业务情况，按照风险评估标准进行填报，最后由风险管理部门根据风险发生的可能性和影响程度对风险信息进行评估。企业在风险评估工作中可更多地采用定量化的方法对潜在风险进行评估，对评估分数进行加权汇总计算，然后再根据评估得分对风险进行排序，以此作为企业重大风险评估的依据。

（3）风险应对。经过前期的风险识别和风险评估，首先对 M 公司面临的风险点以及是否存在重大风险有一个全面的认识，然后再根据该公司自身条件以及外部环境，围绕公司的发展战略来选择及制定相应的风险管理策略和解决方案。

（4）监督和改进。风险管理是一个持续不断的过程，需要投入大量的人力物力，需要不间断的监督与改进。为此，M 公司应制定更为完善的全面风险管理监督、反馈、交流及改进规定，对风险管理初始信息收集、风险评估、风险应对等过程的实施进行监督，按管理需求生成并提交报告以进行反馈，并不定期抽查、验证各部门的风险管理实施情况,对发现的问题及时提出改进措施。

(二)决策树法案例分析

1. 案例介绍

为了满足市场需求,红星工厂拟扩建工厂,扩建方案有以下两种:①大规模扩建需资金 300 万元;②小规模扩建需资金 180 万元。该工厂的经营年限为 5 年,其产品销路好与销路差的概率分别为 0.8 与 0.2。其中,方案①销路好与销路差的年损益值分别为 100 万元、−10 万元;方案②销路好与销路差的年损益值分别为 50 万元、10 万元。

2. 问题思考

请用决策树法选择最优扩建方案。

3. 要点分析

1)绘制决策树

根据上述资料,绘制决策树(如图 8-2 所示)。

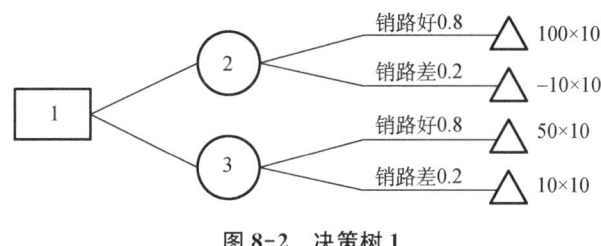

图 8-2　决策树 1

2)计算各状态点的期望收益值

节点②的期望收益值=[100×0.8+(−10)×0.2]×10−300=480(万元)。

节点③的期望收益值=(50×0.8+10×0.2)×10−180=240(万元)。

将各状态点的期望收益值标在各节点上方(如图 8-3 所示)。

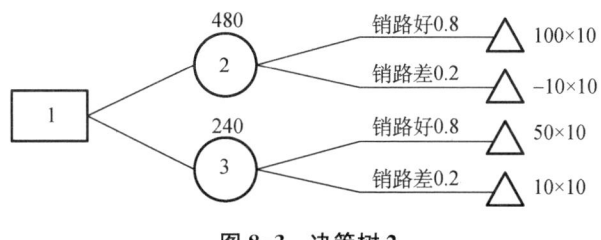

图 8-3　决策树 2

4. 决策

比较节点②与节点③的期望收益值可知,大规模扩建方案优于小规模扩建方案,故应选择大规模扩建方案,用符号"//"在决策树上"剪去"被淘汰的方案(如图 8-4 所示)。

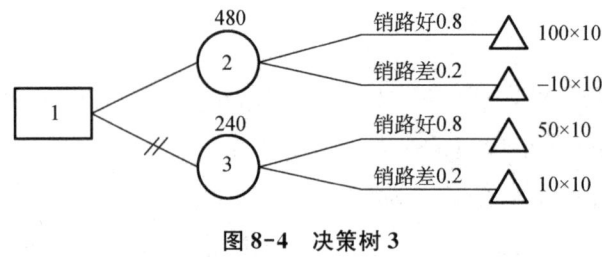

图 8-4　决策树 3

(三) 损失期望值分析法案例分析

1. 案例介绍

A 企业花费 36 万元购买了一条生产线,其面临的主要风险为火灾,一旦发生火灾将全额损失无残值,已知正常情况下发生火灾的概率为 1%,现针对此生产线企业拟定了以下四种风险处理方案。

(1) 风险自留,忧虑价值为 2 000 元。

(2) 风险自留与损失控制相结合,需花费 3 200 元防护设施,安装后发生火情的风险降低为 0.6%,忧虑价值为 1 000 元。

(3) 购买保额为 20 万元的保险,保费为 2 000 元,忧虑价值为 500 元。

(4) 购买保额为 36 万元的保险,保费为 3 000 元。

2. 问题思考

请用损失期望值分析法选择最佳风险处理方案。

3. 要点分析

1) 计算各方案损失期望值

方案(1)损失期望值 $= 360\ 000 \times 1\% + 2\ 000 \times 99\% = 5\ 580$(元)

方案(2)损失期望值 $= (360\ 000 + 3\ 200) \times 0.6\% + (3\ 200 + 1\ 000) \times 99.4\%$
$\qquad = 6\ 354$(元)

方案(3)损失期望值 $= (160\ 000 + 2\ 000) \times 1\% + (2\ 000 + 500) \times 99\%$
$\qquad = 4\ 095$(元)

方案(4)损失期望值 $= 3\ 000$(元)

2) 根据损失期望值最低的原则选择方案

因方案(4)损失期望值最低,故应选择方案(4),即购 36 万元保额的保险。

三、实训演练

(一) 头脑风暴法应用实训

1. 案例阅读

福特汽车公司(以下简称福特)是美国重要的跨国企业之一,总部设在密歇根州迪尔伯恩市。1988 年,福特销售额为 924.5 亿美元,在美国的工业公司中居第 2 位,在世界工业公司中也居第 2 位,其资产额为 1 433.7 亿美元。

2018 年 5 月 2 日,福特的一家关键零部件供应商子午线(Meridian)公司在密歇根州的工厂发生火灾,这直接导致了福特的三家工厂因零部件短缺而停产,约 7 400 名工人暂时停工。在此次事故中,由于福特 F-150 皮卡车只在这其中两个工厂制造,所以影响最大的车型是 F-150 皮卡车。在美国,F-150 是福特旗下最经典的皮卡车,是 F 系列中销量最高的车型,高居美国十大畅销车排行榜榜首,它的销量超过了其他任何一种大型卡车品牌。在 2017 年,福特售出了近 90 万辆 F-150 皮卡车,平均售价为每辆 4.6 万美元,创造了全年 410 亿美元的销售额,占福特总销售额的 28%。2018 年 1 月到 4 月,F-150 皮卡车销售额比去年同期增长了 4%。

造成这次停产事故的供应商子午线公司是北美地区生产镁散热器的最大供应商,为福特和其他北美汽车制造厂提供镁散热器产品。根据雇员爆料,福特公司 100% 的卡车散热器都来自子午线公司发生火灾的工厂。镁是一种轻金属,比铝还要轻,使用镁合金能减轻车身重量,并有助于提高燃料效率,所以镁合金产品深受各大汽车厂商的青睐。但镁是一种非常危险的材料,容易引起自燃、爆炸和火灾,子午线公司的这家工厂在 2017 年已发生了一场小型火灾,所幸没有造成供应链的断裂。

面对这场突如其来的供应危机,福特立即展开行动,力图恢复零部件供应。福特迅速组建了一支团队,负责翻新和重新安置生产汽车部件所需的模具,就在 5 月 2 日火灾发生后的数小时,这支团队已经到达工厂附近待命,他们搭起了帐篷在那里过夜,等大火熄灭并得到消防局的准许后冲进厂房内抢救出了一些重要的设备,并于 5 月 8 日将这些设备运往英国诺丁汉,在那里进行关键零部件的生产加工。从 5 月 14 日开始,加工完成后的零件从英国每天空运回美国福特的工厂。随着零部件的供应步入正轨,福特宣布,F-150 皮卡车分别于 5 月 18 日和 21 日在迪尔伯恩和堪萨斯城的工厂恢复生产,超级载重卡车的生产也在 21 日恢复,为此次的零部件断供事件画上一个句号。

资料来源:卓弘毅.供应链风险管理史诗级案例——拯救福特汽车[EB/OL].(2018-05-28)[2020-02-08].https://www.sohu.com/a/233147666_505787.

2. 实训要求

以小型会议的组织形式,使用头脑风暴法来解决以下问题:在这个案例当中,福特面临哪些风险? 请针对这些风险制定一个风险应对方案。

(二) 决策树法应用实训

1. 案例阅读

辉煌公司拟参加大宇集团环保项目工程投标,计划采取两种方案:A 方案为投高标,中标机会为 0.3,不中标机会为 0.7;B 方案为投低标,中标与不中标机会均为 0.5。如果辉煌公司投标不成功,则损失投标准备费 50 000 元;如果中标,则根据项目实施效果有不同的概率和收益。

2. 实训要求

根据表 8-5 中的数据,用决策树法对辉煌公司的投标方案做出决策。

表 8-5 收益情况与概率对照表

方案	中标概率	中标效果及对应概率		可能获利(万元)
高标	中标 0.3	好	0.3	400
		一般	0.6	200
		赔	0.1	−150
	不中标 0.7			−5
低标	中标 0.5	好	0.4	200
		一般	0.5	150
		赔	0.1	−150
	不中标 0.5			−5

(三) 损失期望值分析法应用实训

1. 案例阅读

假设某计算机公司拥有一套价值 2 000 万元的设备,其中可保价值为 1 500 万元。假设该设备只面临一种风险——火灾,火灾发生的概率为 5%,并且该风险损失结果为两种:全损和没有损失。火灾一旦发生,该公司间接损失为 600 万元,如果安装预防设备,则损失可降为 500 万元,且火灾概率可降为 3%。预防设备成本为 200 万元,使用年限为 10 年。安装预防设备后,该设备可保价值减少为 1 100 万元。保险费为 12 万元,但如果有自负额 5 万元,则保险费降为 9 万元。

该公司风险管理经理计划采取以下四种风险管理方案:①自担风险;②承担风

险但安装损失预防设备;③购买保险;④购买自负额 5 万元的保险。

2. 实训要求

请运用损失期望值分析法选择最佳风险管理方案。

四、延伸阅读与拓展思考

(一) 延伸阅读:巴林银行破产事件

巴林银行是英国历史最悠久的银行之一,于 1762 年由法兰西斯·巴林爵士创立,至 1995 年已有 233 年的历史,其最初从事贸易活动,后涉足证券业,19 世纪初成为英国政府证券的首席发行商,此后 100 多年,巴林银行在证券、基金、投资、商业银行业务等方面取得了长足发展,成为伦敦金融中心位居前列的集团化证券商。1993 年,巴林银行的资产为 59 亿英镑,负债为 56 亿英镑,资本加储备金为 4.5 亿英镑,海内外职员多达 4 000 人,盈利为 1.05 亿英镑;1994 年,巴林银行税前利润高达 1.5 亿英镑,管理着 300 亿英镑的基金资产、15 亿英镑的非银行存款和 10 亿英镑的银行存款,其核心资本在全球 1 000 家大银行中排名第 489 位。

就是这样一个具有 233 年历史、在全球范围内掌控 270 亿英镑资产的巴林银行,竟毁于一个职员尼克·里森之手。28 岁的尼克·里森于 1992 年被巴林银行总部任命为新加坡巴林期货有限公司的总经理兼首席交易员,负责该行在新加坡的期货交易并实际从事期货交易。他在"赌徒心理"的驱动下,使巴林银行遭受灭顶之灾。1992 年夏天,伦敦总部的清算负责人乔丹·鲍塞要求里森另外开设一个"错误账户"(专门处理交易过程中因疏忽造成的差错),以记录小额差错,并自行处理。后来,由于种种原因"错误账户"未被启用,但却成为一个真正的错误账户留存在电脑之中。这个被人疏忽的账户就成为里森造假、隐瞒和吸收下属交易差错的工具。从 1994 年年底开始,里森觉得日本股市将上扬,未经批准就进行了风险极大的金融衍生品交易,期望利用不同地区交易市场上的差价获利。此外,在已购进价值 70 亿美元的日本日经股票指数期货后,里森又在日本债券和短期利率合同期货市场上进行了价值约 200 亿美元的空头交易。不幸的是,日经指数一路下跌,并于 1995 年 1 月跌至 18 500 点以下,于是,里森又试图通过大量买进的方法促使日经指数上升,但他失败了。随着日经指数的进一步下跌,里森越亏越多,眼睁睁地看着 10 亿美元化为乌有,而当时整个巴林银行的资本和储备金只有 8.6 亿美元。里森意识到已无法弥补亏损,于是仓皇出逃。

1995 年 2 月 26 日,英国英格兰银行宣布——巴林银行不得继续从事交易活动并将申请资产清理。10 天后,这家拥有 233 年历史的银行以 1 英镑的象征性价格被荷兰国际集团收购。

资料来源:巴林银行倒闭事件:28 岁交易员搞垮巨头[EB/OL].(2011-09-16)[2020-02-08].https://finance.qq.com/a/20110916/005115.htm.

(二)拓展思考

在巴林银行破产事件当中,巴林银行遇到的主要风险是什么?请从风险管理的角度谈谈巴林银行破产的原因。

第九章 管理会计信息与报告

实训目的

通过本章实训,学生应对管理会计信息与报告有一个总体认识,掌握管理会计信息与报告的内容,理解管理会计报告在企业管理中的作用和重要性,并能结合实际案例进行分析。

重点难点解析

本章的重点是理解管理会计信息的概念和内容,掌握管理会计报告的概念和内容,理解管理会计报告在企业管理中的作用和重要性。

本章的难点是掌握管理会计报告在企业管理中的应用。

一、知识链接

(一) 管理会计信息

1. 管理会计信息的概念

企业内部的管理者在管理会计应用过程中所使用和生成的财务信息和非财务信息均属于管理会计信息。管理会计服务于企业内部各层级与各部门,通过有机融合各种信息,为决策者提供决策的依据。

2. 管理会计信息的使用者

管理会计信息的使用者涵盖了从企业高层到基层的所有人,但与主要对外报告的财务会计信息不同,管理会计信息主要是对内报告,没有统一的规则,因此,它在决策过程中呈现出多样化的特点。

3. 管理会计信息的目标

不同企业有不同的经营目标,管理会计信息可以帮助企业实现既定的目标。例如,为激励相应的责任人共同为既定目标而努力,企业会通过内部的管理会计系统对相关人员的工作成果进行评价,并依照评价结果对其进行奖惩,而评价的依据主要是其工作成果对企业既定目标的贡献大小。因此,管理会计信息的目标是以企业的既定目标为基础,通过提供信息帮助企业实现这些目标。

4. 管理会计信息的特征

会计信息质量特征包括以下八项:可靠性、相关性、可理解性、可比性、实质重于形式、重要性、谨慎性、及时性。管理会计要求会计人员在处理会计业务、提供会计信息时,遵循会计信息的质量要求,以便更好地为企业利益相关者服务。

1)可靠性

《企业会计准则——基本准则》第十二条规定:"企业应当以实际发生的交易或者事项为依据进行会计确认、计量和报告,如实反映符合确认和计量要求的各项会计要素及其他相关信息,保证会计信息真实可靠、内容完整。"

2)相关性

《企业会计准则——基本准则》第十三条规定:"企业提供的会计信息应当与财务会计报告使用者的经济决策需要相关,有助于财务会计报告使用者对企业过去、现在或者未来的情况做出评价或者预测。"

3)可理解性

《企业会计准则——基本准则》第十四条规定:"企业提供的会计信息应当清晰明了,便于财务会计报告使用者理解和使用。"

4)可比性

《企业会计准则——基本准则》第十五条规定:"企业提供的会计信息应当具有可比性。"

5)实质重于形式

《企业会计准则——基本准则》第十六条规定:"企业应当按照交易或者事项的经济实质进行会计确认、计量和报告,不应仅以交易或者事项的法律形式为依据。"

6)重要性

《企业会计准则——基本准则》第十七条规定:"企业提供的会计信息应当反映与企业财务状况、经营成果和现金流量等有关的所有重要交易或者事项。"

7）谨慎性

《企业会计准则——基本准则》第十八条规定："企业对交易或者事项进行会计确认、计量和报告应当保持应有的谨慎，不应高估资产或者收益、低估负债或者费用。"

8）及时性

《企业会计准则——基本准则》第十九条规定："企业对于已经发生的交易或者事项，应当及时进行会计确认、计量和报告，不得提前或者延后。"

5. 管理会计信息系统

管理会计信息系统是基于日常业务信息与财务信息，通过电脑、网络等通信手段，对管理会计信息进行收集、加工、分析和报告，并以此为基础为企业开展各种管理活动提供支持的各功能模块的有机集合。企业的决策系统很大程度上是依据管理会计信息系统实现的，因此，建立这个系统的目的就是能够及时、准确与全方位地为企业管理会计活动的有效开展提供各种支持。

（二）管理会计报告

1. 管理会计报告的概念

管理会计报告是指企业基于业务和财务信息，运用管理会计的方法对信息进行处理分析，形成能够满足企业价值管理和决策支持需要的内部报告。管理会计报告的目的在于为企业各层级的内部决策和经营业绩的反馈与调节等管理活动提供财务和非财务信息。

2. 管理会计报告的形式

企业应根据管理活动的需求建立相应的管理会计组织体系，通过部门和岗位明确其工作职责，并按照一定形式提供管理会计报告。

1）报告对象

对管理会计信息有需求的企业各个管理层级以及不同经营环节的管理者是管理会计报告的报告对象。

2）报告期间

企业可以根据具体的管理活动性质以及对管理会计信息的需求设定报告期间，一般以年度、季度、月度为标准的管理会计期间，但有时为了特定管理活动，也可以设定特殊的报告期间。

3）报告内容

管理会计报告的内容应根据管理活动的需求以及报告目标来确定，其形式应简洁、易读。不同企业应根据自己具体管理活动的情况编制不同的管理会计报告内容,报告的编制、审批、报送以及应用应与企业的组织结构相对应,同时也要根据成本收益原则确定报告的内容及目标。

4) 报告体系

企业应根据全过程的管理活动设计相应的管理会计报告体系,同时在各个管理环节形成因果相连的成因报告和结果报告。管理会计报告的体系一般有以下五类。

(1) 根据报告的功能划分,可以分为管理规划报告、管理决策报告、管理控制报告以及管理评价报告。

(2) 根据报告的范围划分,可以分为综合管理会计报告和专项管理会计报告。

(3) 根据报告的使用者划分,可以分为高层战略层管理会计报告、中层经营层管理会计报告、基层业务层管理会计报告。

(4) 根据报告的全局性划分,可以分为企业整体报告和部门分项报告。

(5) 根据报告的目标划分,可以分为成本目标报告、利润目标报告以及投资目标报告。

3. 管理会计报告的层级

管理会计报告层级应与各管理层级相对应,以满足不同层级的信息需求。拥有决策权力的战略层、组织协调事务的经营层以及执行具体工作的业务层,即企业的高层、中层和基层,应分别有所对应的管理会计报告。

1) 战略层管理会计报告

战略层管理会计报告是为高层管理者从战略层次进行规划、决策、控制和评价等管理活动提供的报告。其报告对象是包括董事会、股东大会等在内的公司高层。

战略层管理会计报告的内容不单包括战略管理报告,还包括经营分析报告、风险分析报告、综合绩效报告、价值创造报告等在内的企业内部报告。战略管理报告主要将企业战略选择和经营目标设定、战略的执行情况以及成果的评价、内外部环境分析等作为报告主要内容。风险分析报告一般是指企业对内外部环境现存风险的识别、分析和评估的报告。综合绩效报告包括主要绩效指标、绩效执行结果以及差异分析在内的报告。价值创造报告主要是针对企业所设定的价值创造目标、影响价值的财务和非财务因素分析以及企业各职能部门资源占用率与价值创造度等内容所做的报告。

2) 经营层管理会计报告

经营层管理会计报告是指为经营层的规划、决策、控制和评价等管理活动提供相关信息的内部报告。在企业经营方针和战略目标已经明确的情况下,该报告通过对具体执行决策方案实施相应的控制管理,保证企业战略目标的实现,进而满足企业战略实现的信息需求。其报告对象是企业的中层管理人员。经营层管理会计报告一般分为以下七类。

（1）包括投资对象、投资收益、投资结构以及投资风险等内容的投资分析报告。

（2）包括预算目标的制定、执行、差异分析以及结果评价等内容的预算管理报告。

（3）包括市场分析、政策分析、客户分析、项目定位、产品方案等内容的可行性分析报告。

（4）包括融资需求、融资渠道、融资方式、融资风险等内容的融资计划报告。

（5）包括诸如现金、票据和存货等流动资金管理情况、资金管理模式、资金管理目标以及现存问题等内容的资金管理报告。

（6）包括企业现有项目、产品的收入与成本、盈利目标达成度与变化趋势、利润构成及其影响因素等内容的盈利分析报告。

（7）包括绩效评价体系、执行结果以及差异分析等内容的绩效评价报告。

3）业务层管理会计报告

业务层管理会计报告是指对企业所开展的各种业务活动提供所需信息的报告。该报告按照各职能部门的具体责任与权限所确定的业务内容和范围，评价责任履行情况的信息需求，从而保证基层与高层行动方向的一致性。业务层管理会计报告的对象是企业具体的基层业务部门和职能部门。

根据企业各业务职能部门的不同，业务层管理会计报告可分为以下五类。

（1）重点反映生产业务的执行情况、差异分析和优化措施等内容的生产业务报告。

（2）重点反映采购预算、采购数量与质量、采购时间和价格的采购业务报告。

（3）重点反映销售方式、销售数量和销售结构等内容的销售业务报告。

（4）重点反映配送时间、配送成本以及配送准确性的配送业务报告。

（5）重点反映售后反馈、客户满意情况以及产品退回情况等内容的售后业务报告。

4. 管理会计报告的流程

企业管理会计报告的流程主要包括编制、审批、报送、应用以及评价五个环节。

（1）编制。相关人员应先收集整理各相关部门所需要的管理会计信息并编制相应的报告。

（2）审批。企业根据报告的对象、内容以及重要程度的不同进行审批。

（3）报送。相关部门根据已确定的报告路径，逐级或直接将报告及时准确地送达报告对象。

（4）应用。在收到报告后，使用者应根据报告使用的授权制度在权限范围内使用管理会计报告。

（5）评价。企业应当对报告的质量、效率以及保密度等要素进行评价，并在相关责任人的报酬中体现评价结果。

二、案例分析

（一）案例介绍：南方摩托管理会计报告案例分析

管理会计报告主要为企业内部经营管理层提供及时有用的决策信息，随着企业发展的需要，许多企业开始重视管理会计报告，并积极探索适合自身特点和需求的管理会计报告体系。

重庆南方摩托车有限责任公司（以下简称南方摩托）为增强产业整体的市场抗风险能力，充分应用管理会计的内部管理报告工具，重点从产品、产业、人员、资产、资金、费用等方面进行数据梳理和匹配分析，揭示管理短板、资源现状及其配置效率、价值创造能力等问题，并查找原因、制定措施、形成报告，力求从财务、业务等多方面为公司明确战略方向、落实规划措施提供有力的量化支撑。

南方摩托应用内部管理报告实践的三个步骤如下。

第一步：编制了13张管理会计报表，这些报表以资产、利润、人员、成本、产品等为对象，主要分析填列人、财、物资源的分布状况，明确资源在产品、产业中的配置效率，并梳理经营性损益和非经营性损益。

第二步：通过将相关数据计入相关的管理会计报表，分析并优化产业战略及日常经营规划，具体包括：①优化产品产业规划；②优化产能管理规划；③优化人力资源规划；④优化资产结构规划；⑤优化负债结构规划。

第三步：通过第二步的综合分析，提出盈亏平衡的路径和方向，消除低效和无效资源带来的亏损，提高存量资源的产出效益，并加快新兴业务增量增利步伐，同时实现节流收益。

资料来源：李华光，倪尔科，王国强，等.南方摩托内部管理报告应用与实践[J].财务与会计，2015(02).

（二）问题思考

（1）请谈谈管理会计报告在管理会计发展中的作用。

（2）南方摩托的管理会计报告应用具有哪些创新？

（3）请谈谈你从南方摩托内部管理报告应用中得到的启示。

（三）要点分析

1. 管理会计报告在管理会计发展中的作用

管理会计作为企业财务管理的新模式,要在企业管理中真正发挥作用,除了具有一套成熟的理论方法、熟练的管理会计人员、良好的硬件支持之外,离不开相对规范、标准的管理会计报告体系。

（1）管理会计报告体系为管理会计理论和方法提供载体。一切管理会计研究的理论和方法,只有通过报告体系才能转化为可被复制和执行的分析手段,才能在企业财务管理中发挥其应有的作用。没有报告体系作为载体的管理会计,只能停留在理念层面,无法在企业事务中发挥作用。

（2）管理会计报告体系为管理会计的推行提供抓手。企业要推行管理会计,必须要以管理会计报告体系为抓手,否则就是"老虎吃天,无处下口"。只有形成较为成熟的管理会计报告体系,企业管理会计人员才能连续地编制管理会计报告,向企业管理者传递管理会计信息,进而为企业决策、控制和执行提供依据。

2. 南方摩托管理会计报告应用的创新

（1）专项分析与整体分析相结合。该公司管理会计报告从整体上涉及各个层级管理活动所有的业务和财务信息,以此为管理者提供决策依据;同时,还对如生产、销售、采购、利润、人力等重点专项进行分析,找出专项业务存在的问题,并制定专门的解决方案。

（2）融合了业务与财务信息。基于管理信息的需求,该公司对业务和财务信息进行了进一步的有机融合,并根据公司相关信息的反馈,及时地进行分析评价,以此为业务活动的进一步开展提供支持。

（3）设立了比较指标。该公司预先设定了能够反映营运状况、盈利水平、发展前景的管理会计报告的指标,以此进行对比分析,通过分析与指标的差距找出问题所在,找到管理目标,改善经营现状,提高公司竞争力。

3. 南方摩托内部管理报告应用的启示

（1）提高企业效益应做到经济规模与资源规模匹配,人、财、物资源有序有效地流动,提高资金资源周转效率,并且在周转过程中产生产品和产业效益,从而实现企业盈利的目标。

（2）通过实施内部管理报告,逐步建立起增值经营文化,提高财务部门和业务部门共同参与企业经营管理的自信心,激发各级部门和人员工作的主动性,助推"改革调整、转型升级"的实施,增强企业发展的合力。

（3）内部管理报告直观地展现了对企业业务形态的量化分析,针对性较强,增强了财务对业务部门的说服力、影响力和推动力,初步发挥了财务部门的引导和增值作用。

(4)内部管理报告的深度应用与实践是财务对战略及日常经营规划与实施的一次深入参与和实践,促进了价值创造型财务管理体系建设深入、持续地开展。

三、实训演练

(一)海尔集团管理会计报告分析实训

近年来,随着全面预算管理等现代管理工具的应用,一些企业逐渐认识到事前和事中信息的价值,逐渐认识到企业不仅需要关注财务信息,还应该跳出财务的范畴关注企业的整体运营数据。因此,部分企业开始编制管理会计报告,如预算分析报告、运营情况报告等,但这个阶段企业所编制的管理会计报告基本还是以关注企业内部为主。随着市场竞争的日趋激烈、战略管理的兴起,一些“先行”的企业在对管理会计报告的应用中逐渐跳出企业内部的范畴,开始在管理会计报告中关注市场环境、竞争对手情况、宏观经济形势、企业战略、全产业链等,形成战略管理会计报告体系,比较典型的如华润集团、海尔集团、神华集团等。这些标杆企业对管理会计报告的应用在现今环境下具有极大的借鉴意义,其他企业可以从研究、分析这些企业的应用路径开始,找到适合自身的管理会计报告应用解决方案。

作为我国管理会计实践的一面旗帜,海尔集团对管理会计报告的应用既体现了智慧的创新,又在实践中真正体现和发挥了管理会计报告的巨大价值。2005年,海尔集团开始推行“人单合一”双赢模式,即员工从用户需求出发,积极抓住市场机会的新商业模式。传统企业的整体经营情况一般是通过资产负债表、现金流量表、利润表反映出来,而“人单合一”管理会计改变了传统的预算体系、绩效评价体系和薪酬体系,针对每个自主经营体设计了三张表,即战略损益表、日清表、人单酬表。其中,战略损益表表明创造用户价值的正确方向,驱动每个自主经营体始终以用户为中心,通过经营表外资产实现表内资产的增值,同时分享价值。因此,海尔集团的战略损益表不仅包含了经营绩效,还体现出自主经营体如何通过创造用户价值实现自身价值。战略损益表是纲,决定了战略方向;日清表上接战略损益表下接人单酬表,是对战略落地执行的纠偏过程;人单酬表是果,是对自主经营体经营及承接战略结果的显示。海尔集团提出的“人单合一”双赢模式,其具体内涵是通过信息化手段对每日的经营绩效进行日清,动态显示出每天的工作预算、实际完成情况及差距,做出纠偏计划,保证目标的完成。日清表的任务是关闭业务执行中的差距,把关闭差距的工作形成每天的预算,帮助员工日清总结提升,持续改进绩效,并提供产生差距的原因分析与关闭差距的建议的相关服务支持来帮助员工关闭差距。人单酬表中个人薪酬的多少是由其为用户创造多少价值来实现的,即员工自主挣薪酬。人单酬表激励的原则是三高:高效率、高增值、高薪酬,具体表现在三个方面:第一,根据有竞争力的目标确定有竞争力的薪酬标准,自主经营体实际创造的价值越大,挣出的可供分享的薪酬资源就越大,薪酬资源主要用于经营体自主用人及自主分配;第二,驱动自主经营体创造未来机会;第三,自主经营体成员有权决定整合一流的人才加入经营体,有权决定让不合格的人退出,自主经营体有分享增值收益的自主权。有了人单酬表,员工可以很直观地看到自己的报酬是如何与其创造的价值紧密结合的,有利于调动员工的积极性、发挥员工的创新能力。

自主经营体的三张表为海尔集团带来了巨大的变化:每一个自主经营体都在这三张表的引导下不断为用户创造更大的价值。自2007年以来,海尔集团利润复合增长率达35%,资金周转天数为-10天,遥遥领先于同行业。

资料来源:陆云芝,俞峰.基于人本视角的管理会计价值创造研究——以海尔集团人单合一管理为例[J].财会通讯,2012(10):12-13.

(二) 实训要求

(1) 海尔集团管理会计报告相对于传统管理会计报告而言具有哪些创新点?

(2) 请结合上述案例谈谈构建现代管理会计报告体系的必要性。

(3) 对于现代企业管理会计报告体系的建设和改进,你有哪些建议?

四、延伸阅读与拓展思考

(一) 拓展阅读:国家电网有限公司搭建的多维精益管理会计报告体系

近年来,我国企业逐渐认识到管理会计报告体系在企业管理中的重要作用,管理会计报告体系为企业应对形势变化、促进价值创造、提升管理水平提供了非常有力的支撑。例如,国家电网有限公司积极推进管理会计的务实应用和创新探索,提出打造多维精益管理会计报告体系,并在整体进程中也取得了较好效果。

精益高效的管理体系需要会计信息的有效支撑,需要企业对财务会计核算进行系统性的管理化改造,从而形成以财务会计核算为基础、充分体现管理意图和精细化要求、兼具个性化和针对性的管理会计报告体系。

多维精益管理体系主要包括以下内容:一是搭建一套由会计科目与管理维度(包括成本监管类维度、业财信息类维度、信息规范类维度)共同构成的多维精益信息反映体系,实现价值信息的多维记录;二是建立一套业财共同遵循的多维精益管理规范,实现业财融合和多维信息记录;三是建立一套频道化的管理会计报告体系,根据企业发展目标、运营效率、风险管控、资本布局等内容生成多样化的管理会计报告。

多维精益管理体系的目标是"以业财深度融合促管理变革提升"。一是深化业财协同,即从业务视角出发,将会计科目和管理维度结合起来构建多维价值信息反映体系,推动会计语言向业务语言全面转变、财务信息有效对接管理需求、财务反映规则与业务管理标准统一。二是支撑价值管理,即适应管理需要,建立业务管理和会计核算的有效衔接,做到每一项会计记录都有多维度的支撑和展现,每一项业务活动都有精准的价值反映,从而实现会计记录由数字向信息的全面升级,形成契合内部管理需求的管理会计报告,为企业的价值管理提供决策支撑。三是服务精准激励,即依托相关系统,将企业各业务环节的每一笔开支都打上不同维度的标签,按照不同的管理需求进行汇总分析,准确记录每个业务环节的价值信息,有效评估每个最小业务单元(如每台设备、每一位员工)的价值贡献,为实施精准考核和有效激励提供核算依据。四是适应监管要求。随着电力体制改革的深入推进,政府对电网企业的收入、成本、投资、电量等核心数据的监管更加严格且日趋常态化,政府、社会对公司信息披露的需求不断上升。多维体系将根据使用者的需要,实现会计信息的多样化输出,并形成多维度的管理会计报告体系,从而有效满足多样化的信息需求。

国家电网有限公司通过一系列实践探索,搭建了多维精益管理会计报告体系,实现了多维价值信息的立体展示和有效运用,为企业合理决策提供了有效的支撑。

资料来源:罗乾宜.打造多维精益管理会计报告体系深化边界管控与标准成本管理[J].管理会计研究,2019(01):14-17.

(二)拓展思考

国家电网有限公司搭建的多维精益管理会计报告体系对你有哪些启示?

第十章 公司治理与职业道德

实训目的

通过本章实训,学生应掌握公司治理理论的主要观点和基本概念,熟悉内部治理和外部治理的内容,并能通过管理会计的视角对企业的公司治理提供新的方法与手段;掌握会计职业道德基本概念、内容和道德冲突的解决方案,加强会计职业道德意识,养成严谨的工作作风和诚信的职业道德观。

重点难点解析

本章的重点是让学生掌握公司治理的本质、公司治理的模式和解决公司治理实际问题的措施,同时掌握会计职业道德规范的内容,辨识会计行为的合规性。

本章的难点是掌握管理会计在公司治理中的应用以及会计行为与道德冲突的相关解决方案。

一、知识链接

(一) 公司治理

1. 公司治理的概念

公司治理是指在现代企业制度下,规定公司各参与者(如股东、董事会、经理层、职工等公司利益相关各方)的责、权、利,以及明确决策公司事务时所应遵循的规则和程序的一种制度安排。从广义角度上理解,公司治理是研究企业权力安排的一门科学。从狭义角度上理解,公司治理是居于企业所有权层次,研究如何授权给职业经理人并针对职业经理人履行职务行为行使监管职能的一门科学。

2. 公司治理结构判定基准

公司治理基于企业所有权和经营权的分离解决企业内部权力分配问题,其核心是股东(大)会、董事会、监事会以及经理之间的权力分配和相互监督与牵制。

股东(大)会作为公司价值的聚焦顶点,为了维护和争取公司实现最佳经营业绩,将公司价值投射向董事会、总经理和监事会三个利益角位点,此三个利益角位点相互制衡形成三角形,顶点和三角形构成锥形体,这就是公司治理结构的标准模型(如图 10-1 所示)。

股东判断公司的安全性和成长性的基准是董事会、总经理和监事会三者利益的角位点不可以重合或者处于同一直线,更不得与顶点重合或处于同一平面。如果出现这些状况,则表示该公司处于特定时期或危机状态。

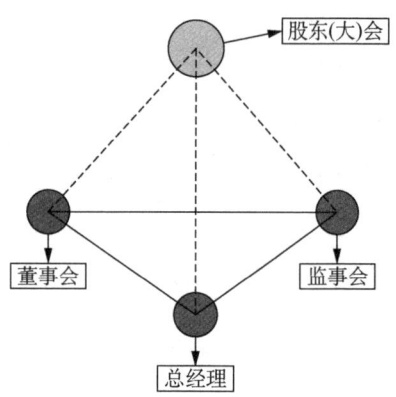

图 10-1 公司治理结构基准解析图

董事会、总经理和监事会需要根据各自利益趋向争取最大权力和最大利益,如果三角形版图面积逐渐变大,表示企业实力不断增强,反之则表示企业实力不断减弱。此外,锥形体的高度体现了企业发展战略的高度,锥形体的体积则体现了企业的市场竞争力。

3. 公司治理的模式

1)家族模式

家族模式强调家族的监控,即家族成员控制企业的所有权或股权,掌握企业主要经营管理权,进行家长制决策。在家族模式下,公司所有权与经营权没有实现分离,公司与家族合一,公司的主要控制权在家族成员中进行配置。此种治理模式在韩国和东南亚的企业中较为普遍。

2)英美模式

英美模式强调个人主义,公司的目标是为股东利益服务,股东向管理者授予一定的企业支配权力,通过公司的基本章程来限定公司不同机构的权力并规范它们之间的关系。

3)日本和欧洲大陆模式

日本和欧洲大陆模式强调集体主义,股东利益最大化不是唯一的企业目标,在考虑利益相关者各方利益的基础上，实现企业整体效率。在此模式下，董事会和监事会中要有股东以外的利益相关者。

4．公司治理的参与者和基本原则

（1）参与者：执行管理层、董事会和监事会；内部审计师、外部审计师、交易市场、投资人、债权人；监管机构、监督委员会和准则制定者。

（2）基本原则：①建立完善的组织机构；②明确董事会的角色和责任；③提倡正直和道德行为；④维护财务报告的诚信及外部审计的独立性；⑤及时披露信息和提高透明度；⑥鼓励建立内部审计部门；⑦尊重股东的权利；⑧确认利益相关者的合法权益；⑨鼓励提升业绩；⑩公平的薪酬和责任。

5．管理会计对公司治理的作用

管理会计是企业管理的一个组成部分，而公司治理的初衷就是对企业管理的利益相关者进行分权制衡，因此，管理会计对公司治理起到了不可替代的作用，这主要表现在以下八个方面。

（1）有利于完善控制环境，强化控制活动。

（2）有利于加强财务监督和内部审计。

（3）有利于提高权利的分配效率。

（4）有利于完善董事会与监督机制的运行。

（5）有利于公司的策划与决策。

（6）有利于发展激励机制应用，提升企业治理效率。

（7）有利于完善信息披露制度，改善不对称的市场。

（8）有利于保护委托人利益。

6．公司治理风险

公司治理风险是指因公司治理制度设计不合理、运行机制不健全，董事及审计委员会不作为或缺乏治理效率，以及与公司治理相关的内外部环境的变化，给公司持续经营带来的不稳定性及对公司总价值的影响。公司治理风险一般分为内部治理风险和外部治理风险。

1）内部治理风险

内部治理风险主要包括：公司战略制定不合理以及相关职能部门执行不到位、大小股东信息不对称引起的道德风险；股东大会、董事会、监事会设置不合理或者机制不健全、股权结构不合理、委托代理关系造成的逆向选择和道德风险；披露虚假财务信息、职工道德问题、公司与利益相关者的协调及其风险问题等。

2）外部治理风险

外部治理风险主要包括：生产要素市场不健全、控制权市场不规范；债权人监督机制不合理;外部审计、会计等中介机构和人员职业道德问题以及资本市场不健全等。

7. 股权激励政策

股权激励政策是指通过公司股权形式给予企业经营者一定的经济权利,使他们能够以股东的身份参与企业决策、分享利润、承担风险,从而勤勉尽责地为公司长期发展服务的一种激励方法。公司股权主要包括股票期权、业绩股、虚拟股票、股票增值权、限制性股票、延期支付、职工持股等,其中应用最为广泛的是股票期权和限制性股票。

8. 内部控制整合框架

COSO 是美国反虚假财务报告委员会下属的发起人委员会(The Committee of Sponsoring Organizations of the Treadway Commission)的英文缩写。1985 年,美国注册会计师协会、美国会计协会、财务经理人协会、内部审计师协会、管理会计师协会联合创建了反虚假财务报告委员会,旨在探讨财务报告中舞弊产生的原因,并寻找解决之道。1987 年,基于该委员会的建议,其赞助机构成立 COSO,专门研究内部控制问题。1992 年 9 月,COSO 发布《内部控制整合框架》报告(以下简称 COSO 报告)。

COSO 报告从目的、承诺、能力、监督与学习四个方面提出 20 项控制基准。COSO 报告认为,内部控制系统由内控环境、风险评估、内控活动、信息与沟通、内部监督五要素组成,这些要素取决于管理层经营企业的方式,并融入管理过程本身,以帮助企业和其他实体评估并加强内部控制系统,其相互关系可以用图 10-2 所示的模型表示。

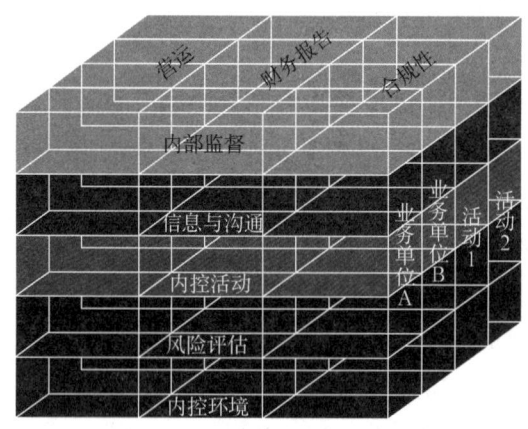

图 10-2　内部控制整合框架

1) 内控环境

内控环境是所有其他内部控制组成要素的基础,包括:组织人员的诚实、伦理价值和能力;管理层的管理哲学和经营模式;管理层权限和责任的分配;董事会提供的关注和方向。

2）风险评估

风险评估可以确认和分析目标实现过程中的相关风险,是形成风险管理的依据,它会随经济、行业、监管和经营条件的变化而不断变化,因此,企业必须建立一套风险评估机制来辨认和处理相应的风险。

3）内控活动

内控活动贯穿整个组织、各种层次和功能,包括各种活动,如批准、授权、证实、调整、经营绩效评价、资产保护和职责分离等,是帮助执行管理指令的政策和程序。

4）信息与沟通

信息系统可以产生各种报告,包括经营、财务、守规等方面,使得管理者对经营的控制成为可能,其信息包括内部生成的数据,也包括可用于经营决策的外部事件、活动和状况等。控制系统中的所有人员都要理解自己所处的位置,同时也必须同外部团体,如客户、供货商、监管机构和股东,进行有效的沟通。

5）内部监督

内部监督是指企业对内部控制的建立和执行情况进行评估和检查,并对企业内部控制工作实施的有效性进行评价的一种活动,其目的是发现企业内部控制存在的缺陷并及时加以改进和完善。

（二）会计职业道德

1. 职业道德的概念

职业道德的概念有广义和狭义之分。广义的职业道德是指从业人员在职业活动中应该遵循的行为准则,涵盖了从业人员与服务对象、职业与职工、职业与职业之间的关系。狭义的职业道德是指在一定职业活动中应遵循的、体现一定职业特征的、调整一定职业关系的职业行为准则和规范。

2. 会计职业道德的概念

会计职业道德是指在会计职业活动中应当遵循的,体现会计职业特征的,约束会计人员树立正确职业观念、规范会计行为、调整会计职业关系的职业行为准则和规范,是对会计法律制度的重要补充以及实现会计目标的重要保证。

3. 会计师职业道德建设的重要性

2017年11月,第十二届全国人民代表大会常务委员会第三十次会议决定对《中华人民共和国会计法》(以下简称《会计法》)进行修改,将原《会计法》中"从事会计工作的人员,必须取得会计从业资格证书"的规定改为"会计人员应当具备从事会计工作所需要的专业能力和职业道德",并对违反职业道德的会计行为的处罚规定进行了修改,提出了更严厉的惩罚措施如表 10-1 所示。

表 10-1　新旧《会计法》关于违反职业道德的会计行为处罚规定

新《会计法》	旧《会计法》
因有提供虚假财务会计报告,做假账,隐匿或者故意销毁会计凭证、会计账簿、财务会计报告,贪污,挪用公款,职务侵占等与会计职务有关的违法行为被依法追究刑事责任的人员,不得再从事会计工作	因有提供虚假财务会计报告,做假账,隐匿或者故意销毁会计凭证、会计账簿、财务会计报告,贪污,挪用公款,职务侵占等与会计职务有关的违法行为被依法追究刑事责任的人员,不得取得或者重新取得会计从业资格证书
会计人员有"不依法设置会计账簿""私设会计账簿""随意变更会计处理方法"等行为之一、情节严重的,五年内不得从事会计工作	会计人员有"不依法设置会计账簿""私设会计账簿""随意变更会计处理方法"等行为之一、情节严重的,由县级以上人民政府财政部门吊销会计从业资格证书

为了加强我国会计诚信建设,推动会计行业进一步提高诚信水平,积极营造"守信光荣、失信可耻"的良好社会氛围,2018 年 4 月,财政部办公厅发布了《关于加强会计人员诚信建设的指导意见》。其具体指导意见内容如图 10-3 所示。

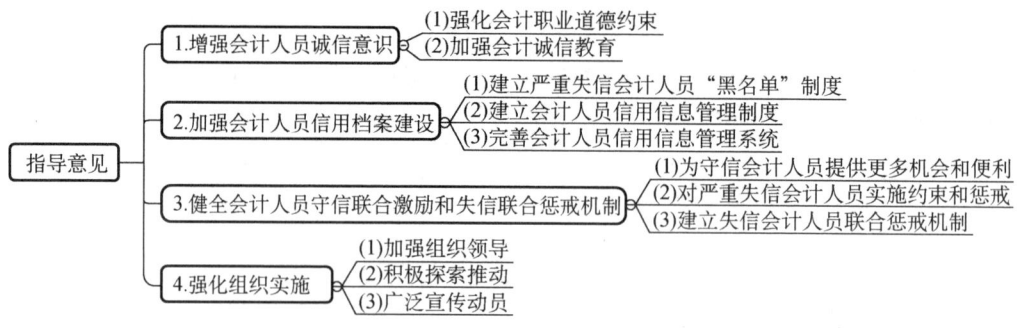

图 10-3　加强会计人员诚信建设指导意见图

4. 会计职业道德规范

会计职业道德规范是从事会计职业的人们在共同的职业兴趣、爱好、习惯、心理基础上形成的思想和行为方面的道德准则,它包括了如图 10-4 所示的八个主要内容。

1) 爱岗敬业

爱岗敬业要求会计人员热爱会计工作,安心本职岗位,忠于职守,尽心尽力,尽职尽责。

2) 诚实守信

诚实守信要求会计人员做老实人,说老实话,办老实事,执业谨慎,信誉至上,不为利益所诱惑,不弄虚作假,不泄露秘密。

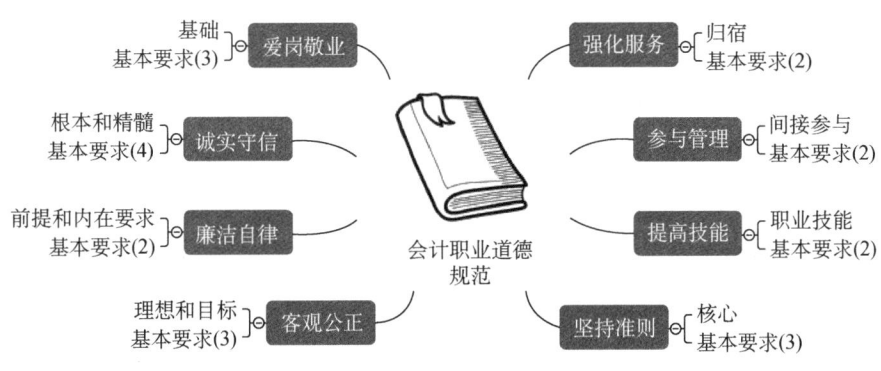

图 10-4 会计职业道德规范内容

3）廉洁自律

廉洁自律要求会计人员公私分明，不贪不占，遵纪守法，清正廉洁。

4）客观公正

客观公正要求会计人员端正态度，依法办事，实事求是，不偏不倚，保持应有的独立性。

5）坚持准则

坚持准则要求会计人员熟悉国家法律、法规和国家统一的会计制度，始终坚持按法律、法规和国家统一的会计制度的要求进行会计核算，实施会计监督。

6）提高技能

提高技能要求会计人员增强提高专业技能的自觉性和紧迫感，勤学苦练，刻苦钻研，不断进取，提高业务水平。

7）参与管理

参与管理要求会计人员在做好本职工作的同时，努力钻研相关业务，全面熟悉本单位经营活动和业务流程，主动提出合理化建议，协助领导决策，积极参与管理。

8）强化服务

强化服务要求会计人员树立服务意识，提高服务质量，努力维护和提升会计职业的良好社会形象。

5. 美国注册管理会计师协会职业道德守则

美国注册管理会计师协会在 2017 年发布了新的职业道德守则公告，新版公告以四个核心守则为基础，力求广泛适用，为解决道德问题提供了指引，并帮助管理会计师努力成为正直道德的领导者。其具体内容如图 10-5 所示。

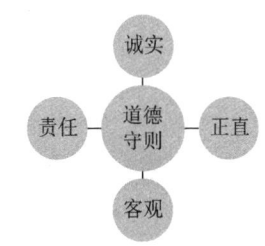

图 10-5 美国注册管理会计师协会职业道德守则图

在核心道德守则的指导下，新的职业道德守则根据能力、保密、诚实和可信四个标准列出了会员需要遵守的具体要求。

1）胜任能力

（1）通过提升知识和技能，保持适当水平的职业领导力和专业能力。

（2）根据相关法律、法规和技术标准，认真履行职业责任。

（3）提供准确、清晰、简明、及时的决策支持信息和建议，识别并帮助管理风险。

（4）认识到自己面临的专业的局限性或其他约束因素，并就此开展交流。

2）保密性

（1）除经授权披露或法律要求披露以外，要保持所获取信息的机密性。

（2）告知所有相关方，要适当地使用所获得的保密信息，监督并确保相关方保守秘密。

（3）坚决杜绝利用保密信息获取不道德利益或非法利益。

3）诚实性

（1）减缓现实中的利益冲突，经常与商业伙伴沟通，以避免明显可见的利益冲突，为所有存在任何潜在利益冲突的相关方提供建议。

（2）杜绝从事任何妨碍履行职业道德责任的行为。

（3）杜绝从事或支持任何有损职业声誉的活动。

4）可信性

（1）公正、客观地进行信息沟通。

（2）提供所有可合理预计的相关信息，这些信息会影响一个预计使用者对报告、分析或建议的理解。

（3）按照组织内部政策或适用的法律，报告在信息、及时性、流程或内部控制方面的任何延误或缺陷。

6. 道德冲突的解决途径

（1）考虑是否可采取其所在组织的既定道德方针及政策（如组织内部匿名报告系统）。

（2）如果所在的组织没有既定道德政策，会计师可汇报给直接上司，如果直接上司牵连其中，可以提交给上一级管理部门，直至总经理和董事会。

（3）企业应该在内部制定有关道德裁决的条款，以便从业人员在遇到实际问题时有章可循。

（4）在企业外部，应完善以行业协会、第三方机构为主的仲裁机构或协商组织，以促进职业道德矛盾的有效解决。

二、案例分析

(一)案例介绍:银广夏造假案例分析

银广夏事件被称为中国股市的第一造假案。银广夏公司全称为广夏(银川)实业股份有限公司(以下简称银广夏),证券简称为 ST 广夏(000557),主要经营高新技术产品开发、生产、销售,动植物养殖、种植、加工和销售,食品、日用化工产品、酒的开发以及房地产开发等。1994 年 6 月银广夏上市,因其骄人的业绩和诱人的前景而被称为"中国第一蓝筹股"。2001 年 8 月,《财经》杂志发表《银广夏陷阱》一文,至此,银广夏虚构财务报表事件被曝光。

1. 造假与违规情况

随后调查结果认定,银广夏自 1998 年至 2001 年期间累计虚增利润 77 156.70 万元。其中,1998 年虚增 1 776.10 万元,由于主要控股子公司天津广夏公司 1998 年及之前年度的财务资料丢失,利润真实性无法确定;1999 年虚增 1 7781.86 万元,实际亏损 5 003.20 万元;2000 年虚增 56 704.74 万元,实际亏损 14 940.10 万元;2001 年 1~6 月虚增 894 万元,实际亏损 2 557.10 万元。

银广夏伪造了从原料采购到生产、销售、出口等环节全部单据,包括销售合同和发票、银行票据、海关出口报关单和所得税免税文件。负责银广夏审计业务的深圳中天勤会计师事务所及其签字注册会计师,违反法律法规和职业道德为银广夏出具严重失实的无保留意见的审计报告。最终,参与造假者都受到法律惩处。

2. 造假过程

银广夏的财务造假事件是如何发生的? 据庭审记录,1999 年 11 月,董某接到了银广夏财务总监、总会计师兼董事局秘书丁某的电话,要求他将每股的利润做到 0.8 元,接着,董某通过计算得出了天津广夏公司需要制造多少利润,进而根据这一利润得出了天津广夏公司需要多大的产量、多少的销售量以及采购多少原材料等数据。

首先,董某虚构了几家公司作为天津广夏公司的原材料提供方,如北京瑞杰商贸有限公司、北京市京通商贸有限公司、北京市东风实用技术研究所等单位。其次,董某虚假购入萃取产品原材料蛋黄粉、姜、桂皮、产品包装桶等物,并通过黑市购买了发票、汇款单、银行进账单等票据,从而伪造了这几家单位的销售发票以及天津广夏公司发往这几家单位的银行汇款单。然后,董某伪造了总价值为 5 610 万德国马克的货物出口报关单四份和德国捷高公司北京办事处支付金额为 5 400 万元出口产品货款银行进账单三份。为了完善造假过程,董某又指使时任天津广夏公司总经理的阎某伪造萃取产品生产记录。于是,阎某便指使员工伪造了萃取产品虚假原料入库单、班组生产记录、产品出库单等。最后,董某通过以上的造假手法虚构了天津广夏公司萃取产品出口收入23 898.60万元。该虚假年度财务报表经深圳中天勤会计师事务所审计后并入银广夏年报,致使银广夏向社会发布的虚假净利润高达12 778.66万元。

2000年,银广夏的财务造假行动继续进行。董某依旧受丁某的指示伪造了虚假的出口销售合同、银行汇款单、销售发票、出口报关单及德国诚信贸易公司支付的货款进账单,同时指使天津广夏公司职工伪造了虚假财务凭据,虚造萃取产品出口收入共计72 400万元。该虚假年度财务报表由深圳中天勤会计师事务所审计后向社会发布虚假净利润41 764.643 1万元。

2001年年初,为进一步完善造假程序,董某虚报销售收入从天津市北辰区国税局领购增值税专用发票500份。除正常销售使用外,董某还指使天津广夏公司职员付某以天津广夏公司名义向天津禾源公司(系天津广夏公司萃取产品总经销)虚开增值税专用发票290份,价税合计22 145.659 4万元,涉及税款3 764.761 9万元。接着,董某以销售货款没有全部收回为由,仅向北辰区国税局交纳税款500万元。当年5月,为了中期利润分红,银广夏总裁李某以购买设备为由,向上海金尔顿投资公司借款1.5亿元汇入天津禾源公司,又以销售萃取产品回款的形式返回天津广夏公司账户,随后,其中1.25亿元便以天津广夏公司的利润上交到银广夏总公司。据董某当庭供述,在整个造假过程中,部分财务单据及所涉及的银行公章都是在电脑上制作完成的。

3. 疑点

(1) 银广夏利润率高达46%(2000年),而深沪两市农业类、中草药类和葡萄酿酒类上市公司的利润率鲜有超过20%的。

(2) 如果天津广夏公司宣称的出口属实,按照我国税法应办理几千万元的出口退税,但年报里根本找不到出口退税的项目。2000年银广夏工业生产性的收入形成毛利为5.43亿元,按17%的税率计算,银广夏应当计交的增值税至少应为9 231万元,但银广夏披露2000年年末应交增值税余额为负数。

(3) 银广夏2000年销售收入与应收款项保持大体比例的同步增长,货币资金和应收款项合计与短期借款也保持大体比例的同步增长,考虑到银广夏当年销售及资金回笼并不理想,显然银广夏希望以巨额货币资金的囤积来显示销售及回款情况。

(4) 签下总金额达60亿元合同的德国诚信公司只与银广夏单线联系,据称是一家百年老店,事实上却是注册资本仅为10万德国马克的一家小型贸易公司。

（5）原材料购买批量很大，都是整数吨位，一次购买上千吨桂皮、生姜，整个厂区恐怕都盛不下，而且库房、工艺不许外人察看。

（6）萃取技术高温高压高耗电，但银广夏的水电费 1999 年仅为 20 万元，2000 年仅为 70 万元。

（7）1998 年及之前的财务资料全部神秘"消失"。

4．审计情况

（1）银广夏在编制合并报表时未抵销与子公司之间的关联交易，也未按股权协议的比例合并子公司，从而虚增了公司巨额资产和利润。

（2）注册会计师未能有效执行应收账款函证程序，在对天津广夏公司的审计过程中，将所有询证函交由公司发出，而且并未要求公司债务人将回函直接寄达注册会计师处。对于无法执行函证程序的应收账款，审计人员在运用替代程序时未取得海关报关单、运单、提单等外部证据，仅根据公司内部证据便确认应收账款。

（3）注册会计师未有效执行分析性测试程序，对于银广夏 2000 年度主营业务收入大幅增长的同时其生产用电的费用却反而降低的情况没有发现或报告。此外，对于银广夏 2000 年度卵磷脂投入产出比率较 1999 年度大幅下降的异常情况，注册会计师既未实地考察又没有咨询专家意见。

（4）天津广夏公司审计项目负责人由非注册会计师担任，审计人员普遍缺乏外贸业务知识，不具备专业胜任能力。

（5）对于不符合国家税法规定的异常增值税及所得税政策披露情况，审计人员没有予以应有的关注，特别是在收集了真假两种海关报关单后未予以必要的关注。

5．造假原因

（1）融资圈钱，避免被摘牌。《终止证券发行与交易暂行条例》规定，上市公司如果连续 3 年亏损，其股票将被停牌，期限内不能扭亏为盈的公司，其股票将被终止上市。银广夏深知上市的不易，所以在账务处理上玩弄花招避免被摘牌。

（2）个别领导捞取政治资本。地方政府或主管部门为维护地方或部门形象，有意识地引导企业会计造假，使用行政手段干预银行贷款，以解决企业因虚报利润所致的资金缺口。

（3）二级市场炒作，便于内幕交易，从中牟利。银广夏管理层通过对会计报表业绩进行粉饰，配合二级市场庄家操纵股票价格，从中牟取巨额利润。

（4）造假收益大于造假成本。我国证券市场的监管体系还不够完善，监管手段落后，监管部门主要依靠行政处罚手段打击上市公司的会计信息造假，对直接责任人很少追究刑事责任，民事赔偿更是微乎其微。因此，即使会计造假被发现，当事人所付出的代价也是极其有限的。

（5）公司治理结构不完善。银广夏的财务报告由公司管理层负责编制和提供，而管理层的聘任受大股东意志的支配，这就使得公司财务造假行为无法得到制度上的约束。

（6）会计审计制度的缺陷。长期以来，我国审计聘任制度存在严重的缺陷，而且注册会计师的审计缺乏独立性。

6. 总结

银广夏历经 4 年多的停牌重整后，于 2014 年 12 月 30 日在深交所 A 股市场复牌，数万股民悬着的心放下了。宁夏回族自治区为了使银广夏再次成为宁夏企业的"翘楚"，注入了全区最优质的国有资产——宁东铁路股份有限公司 44.7 亿元资产，并将"宁东铁路"作为拟定重组方，对银广夏进行重组，使其再次获得新生。但银广夏造假事件给中国股市带来的影响至今难以消除，在中国股市发展史上，银广夏将成为一个挥之不去的"失信情节"。

资料来源：凌华薇，王烁.银广夏陷阱[J].财经界，2001(08).

（二）问题思考

（1）银广夏财务舞弊产生的原因是什么？

（2）上述案例中，银广夏在公司治理方面存在哪些问题？

（3）在银广夏造假事件中，哪些人员参与了造假过程？他们的行为违反了哪些规定？

（4）在银广夏造假事件中，会计师、外部审计师的责任是什么？哪些职业道德原则和标准是他们应该遵守却没有做到的？

（5）企业应该采取哪些措施来提升公司治理以及财务从业者的道德行为？

（三）要点分析

1. 银广夏财务舞弊产生的原因

（1）压力要素。压力是企业舞弊者的行为动机，如经济压力、恶癖压力、与工作相关的压力和其他压力。银广夏深知上市的不易，一方面，迫于经济压力，为了避免被摘牌，在账务处理上玩弄花招融资圈钱；另一方面，银广夏管理层为了自身的利益，通过对会计报表业绩进行粉饰，配合二级市场庄家操纵股票价格，从中谋取巨额利润。

（2）机会要素。这里的机会是指可进行企业舞弊而又能掩盖起来不被发现或能逃避惩罚的时机，主要包括六种情况：缺乏发现企业舞弊行为的内部控制、无法判断工作的质量、缺乏惩罚措施、信息不对称、能力不足和审计制度不健全。上述案例中,银广夏由于公司内部治理失效,造成企业信息不对称、监管流于形式。此外,银广夏财务报告由管理层负责编制和提供,而管理层的聘任受大股东意志的支配,造成公司财务造假行为无法得到制度上的约束。

(3)借口要素(自我合理化),即企业舞弊者必须找到某个理由,使企业舞弊行为与其本人的道德观念、行为准则相吻合,无论这一解释本身是否真正合理。例如,在银广夏造假事件中,参与人员都是受上级的指示,通过造假手段虚增利润。

2. 银广夏在公司治理方面存在的问题

公司治理失效是滋生和导致会计信息虚假的内在原因,银广夏财务造假的一个根本原因就是由于公司治理失效。其在公司治理方面主要存在如下问题。

(1)信息不对称。在两权分离的情况下,股东和经理人之间信息不对称、不完全。由于监督成本高,很多中小企业选择不管不顾,而事实表明经理人披露虚假信息对中小股东利益损害最大。

(2)缺乏有效的内控,董事会与监事会流于形式。银广夏董事会、监事会形同虚设,缺乏对董事长和总经理的制衡机制,掌握公司实际控制权的是在行政干预下的总经理。

(3)经理人与股东之间的利益竞争。经理人由于各种因素注重短期利益,股东注重长期发展。

3. 参与银广夏造假事件的人员及其违法行为

由上述案例可知,银广夏造假事件涉及企业多个部门人员。整个案件是一个由李某同意、丁某授意、董某实施、阎某协助以及刘某、徐某"明知"有假而为之的过程。

首先,参与造假人员从原料采购到生产、销售、出口等环节伪造了全部单据,违反了《中华人民共和国会计法》第四条"单位负责人对本单位的会计工作和会计资料的真实性、完整性负责"和第五条"任何单位或者个人不得以任何方式授意、指使、强令会计机构、会计人员伪造、变造会计凭证、会计账簿和其他会计资料,提供虚假财务会计报告"的规定。

其次,天津广夏审计项目负责人由非注册会计师担任,审计人员普遍缺乏外贸业务知识,不具备专业胜任能力,严重违反了《独立审计基本准则》和《独立审计具体准则第3号——审计计划》的相关要求。《独立审计基本准则》第二章"一般准则"第五条指出,担任独立审计工作的注册会计师应当具备专门学识与经验,经过适当专业训练,并有足够的分析、判断能力。《独立审计具体准则第3号——审计计划》第二章"一般原则"第七条指出,在编制审计计划时,注册会计师应当特别考虑审计小组成员的业务能力、审计经历和对被审计单位情况的了解程度。

最后,面对银广夏2000年度卵磷脂投入产出比率较1999年度大幅下降的异常情况,注册会计师既未实地考察,又没有咨询专家意见,违反《独立审计具体准则第11号——分析性复核》和《独立审计具体准则第12号——利用专家的工作》的相关要求。

4. 会计师和外部审计师的职责及其职业道德缺失行为

(1)会计师工作职责。第一是核算职能,即以货币为主要计量单位,对特定主体的经济活动进行确认、计量和报告。会计核算贯穿于经济活动的全过程,是会计最基本的职能,内容主要包括:款项和有价证券的收付;财物的收发、增减和使用;债权、债务的发生和结算;资本、基金的增减;收入、支出费用,成本的计算;财务成果计算和处理;需要办理会计手续、进行会计核算的其他事项。第二是监督职能,即对特定主体经济活动和相关会计核算的真实性、合法性和合理性进行审查。

(2)外部审计师的职责。审计师应遵循独立、客观、公正、廉洁等基本原则,遵守工作程序和工作方法方面的技术守则,既要对社会公众负责,也要对委托单位负责。负责审计活动的项目负责人(注册会计师)应对其审计行为和结果负责,即审计过程应符合《独立审计准则》的规定,并保持应有的职业谨慎,否则,应承担相应的审计责任(包括法律责任和职业责任)。在审计报告中签名的注册会计师应对审计活动的结果负责,并对外承担全部或主要的审计责任。

(3)在本案例中,会计师伪造会计单据和其他会计资料,提供虚假财务会计报告,向公众披露虚假信息,误导公众,对于公司明显的欺诈行为刻意隐瞒,没有采取任何制止措施。此外,中天勤事务所疏于执行已颁布的独立审计准则,在专业胜任能力和职业道德两方面均存在重大过失。在该事件中,会计师与审计师都没有对真实性尽到职责,没有严守职业道德与对社会公众的责任,缺乏谨慎性,违背了会计职业道德中坚持准则、诚实守信、客观公正、提高技能的要求。

5. 提升公司治理及财务从业者道德行为的措施

(1)改进公司治理结构,强化内部控制与责任。

(2)进一步完善监事会制度,解决监事会虚置的问题,从制度上保证监事会的独立性和实际执行权力。

(3)健全董事会中的审计委员会制度,建立一套更加详细、更加具体的行为框架。

(4)建立健全激励约束机制。改善委托—代理契约设计,为避免代理人以损害公司长期利益与整体利益为代价追求短期利益与局部利益,应制定一套有效的奖惩措施对代理人的行为产生激励与约束。

（5）建立健全绩效评价，强化董事的诚信与勤勉义务，公司董事与董事会要忠实履行职责，负责管好自己的执行机构。

三、实训演练

（一）公司治理案例分析实训

1. 案例阅读

案例1：海尔集团

海尔集团创立于1984年，是一家全球领先的美好生活解决方案服务商。在持续创业创新过程中，海尔集团始终坚持"人的价值第一"的发展主线。海尔集团董事局主席、首席执行官张瑞敏提出"人单合一"模式，以其时代性、普适性和社会性实现了跨行业、跨文化的融合与复制。

长期以来，海尔集团坚持以"诚信经营、规范治理、信息透明"作为核心理念，不断完善现代企业法人治理结构，持续规范内部治理框架，积极营造良好的外部治理环境，切实维护全体股东利益，逐步建立和完善科学的法人治理结构和机制，促进集团的稳定、健康发展。

（1）OEC企业管理方法。该方法是一个监督体系，是海尔集团在1989年创造的企业管理法。OEC管理的核心就是"日事日毕，日清日高"，具体来说就是每天的工作要当天完成，每天的工作要清理并要每天有所提高，做到总账不漏项、事事有人管、管事凭效果、管人凭考核。该方法强调，管理要落实到每个人每一天的每一项工作上，并及时检查调整。

（2）设立独立董事。海尔集团在2001年设立了独立董事制度，是国内首批设立独立董事制度的企业之一。海尔集团的三名独立董事对集团重大事项发表独立意见，对集团的运营进行监督，维护集团的整体利益和股东的权益。

（3）有效的激励政策。海尔集团股东大会授权董事会按照激励计划考核办法及集团业绩考核体系确定激励对象和激励额度。股权激励计划一方面解决了企业的委托代理矛盾，引导集团的管理层从企业的长期发展考虑问题，另一方面也调动了管理层与员工的积极性，提高了整体的凝聚力。

资料来源：海尔集团简介[EB/OL].[2020-03-12].https://www.haier.com/about_haier/jtjj/?spm＝cn.29913_pad.header_abouthaier_20191029.1.

案例2：华为公司

华为公司创立于1987年，是全球领先的信息与通信基础设施和智能终端提供商，致力于把数字世界带入每个人、每个家庭、每个组织，构建万物互联的智能世界。目前,华为公司有18.8万员工,业务遍及170多个国家和地区,服务30多亿人口。

华为公司坚持以客户为中心、以奋斗者为本,持续改善公司治理架构、组织、流程和考核,使公司长期保持有效增长。公司董事会及董事会常务委员会由轮值董事长主持,轮值董事长在当值期间是公司最高领袖。公司监事会主要职责包括董事/高级管理人员履职监督、公司经营和财务状况监督、合规监督。

除此之外,华为公司基于组织架构和运作模式设计并实施了内部控制,包括内控环境、风险评估、内控活动、信息与沟通、内部监督五大部分,同时涵盖对财务报告的内控,确保财务报告的真实、完整和准确。

1. 内控环境

华为公司制定了员工商业行为准则,即全体员工(包括高管)在公司商业行为中必须遵守的基本业务行为标准,并例行组织全员培训,确保其阅读、了解并遵从该行为准则。此外,华为公司还建立了完善的治理架构,包括董事会、董事会下属专业委员会、职能部门以及各级管理团队等,各机构均有清晰的授权与明确的问责机制,其权力和职责的分离保证了各机构之间可以相互监控与制衡。其中,公司CFO负责全公司内控管理,业务控制部门向公司CFO汇报内控缺陷和改进情况,协助CFO建设内控环境;内部审计部门对公司所有经营活动的控制状况进行独立的监督评价。

2. 风险评估

华为公司设立了专门的内控与风险管理部门,定期开展针对全球所有业务流程的风险评估,对公司面临的重要风险进行识别、管理与监控,预测外部和内部环境变化对公司造成的潜在风险,并将公司整体的风险管理策略及应对方案提交公司决策,各流程责任人负责识别、评估与管理相关的业务风险并采取相应的内控措施。此外,公司还建立了内控与风险问题的改进机制,以便有效管理重大风险。

3. 内控活动

华为公司建立了全球流程与业务变革管理体系,发布了全球统一的业务流程架构,并基于业务流程架构任命了全球流程责任人负责流程和内控的建设。全球流程责任人针对每个流程识别业务关键控制点和职责分离矩阵,例行组织实施针对关键控制点的月度遵从性测试并发布测试报告,从而持续监督内控的有效性;围绕经营痛点、财务报告关键要求等进行流程和内控优化,提升运营效率和效益,支撑财报准确、可靠及合规经营,帮助业务目标达成;每半年进行半年度控制评估,对流程整体设计和各业务单元流程执行的有效性进行全面评估,并向审计委员会报告评估结果。

4. 信息与沟通

华为公司设立多维度的信息与沟通渠道,及时获取来自客户、供应商等的外部信息,并建立公司内部信息的正式传递渠道,同时在内部网站上建立了所有员工可以自由沟通的"心声社区"。公司管理层通过日常会议与各级部门定期沟通,以有效传递管理导向,保证管理层决策的有效落实。同时,华为公司在内部网站上发布所有业务政策和流程,并定期由各级管理者/流程责任人组织业务流程和内控培训,确保所有员工能及时掌握信息。此外,华为公司亦建立了各级流程责任人之间的定期沟通机制,回顾内控执行状况,跟进和落实内控问题改进计划。

5. 内部监督

华为公司设立了公司内部投诉渠道、调查机制、防腐机制与问责制度,并在与供应商签订的《诚信廉洁合作协议》中明确规定,供应商能根据协议内提供的渠道举报员工的不当行为,以协助公司对员工的诚信廉洁进行监查。同时,内部审计部门负责对公司整体控制状况进行独立和客观的评价,对违反商业行为准则的经济责任行为进行调查,并将审计和调查结果报告给公司高级管理层和审计委员会。此外,华为公司还建立了对各级流程责任人、区域管理者的内控考核、问责及弹劾机制,审计委员会和公司 CFO 定期审视公司内控状况,听取内控问题改进计划与执行进展的汇报,并有权要求内控状况不佳的流程责任人和业务管理者汇报原因及改进计划。

资料来源:公司治理[EB/OL].[2020-03-12].https://www.huawei.com/cn/about-huawei/corporate-governance/internal-control.

2. 实训要求

(1) 在上述案例中,海尔集团对加强公司治理采取了哪些措施? 这些措施起到了什么作用?

(2) 什么是 COSO 框架? 对加强公司治理有什么作用? 请结合华为公司案例进行分析。

(3) 公司治理的模式有哪几种? 它们分别有什么特点与风险?

(4) 管理会计作为会计学的一个重要分支,为公司的重大决策提供数据和信息支持,在现代公司治理中发挥重要作用。请问其重要性和作用体现在哪些方面?

(二) 会计职业道德案例分析实训

1. 案例阅读

会计工作是经济管理工作的重要组成部分,在我国经济建设中发挥着巨大的作用。据调查统计,我国目前大约有 4 000 万名会计从业人员,截至 2019 年第一季度末,中国注册会计师协会会员人数达到 25.6 万人。会计人员职业道德问题是社会关注的焦点,朱镕基在视察北京国家会计学院和上海国家会计学院时分别写下了"诚信为本,操守为重,坚持准则,不做假账"和"不做假账"的校训,这是对会计人员职业道德观的基本要求。

我国目前会计职业道德问题主要体现在两方面:一方面,会计人员在工作中产生了贪念,利用职务之便通过重复记账、不记账、虚开发票等方法挪用贪污公款、抽逃资金;另一方面,会计信息失真,会计人员被迫配合公司造假或会计人员主动出谋划策。

案例 1:会计挪用公款 930 万元打赏女主播

江苏镇江某房地产开发公司会计王某沉迷于看网络直播,为了支持喜欢的女主播,经常充值几百元以购买虚拟礼物的方式打赏女主播。但随着时间推移,王某的工资已入不敷出,于是便利用职务之便开始挪用公司的资金,其间共挪用公款930 万元,在各个直播平台充值达 766 万元。最终,王某被判刑 7 年,并没收财产20 万元。

案例 2:"90 后"女会计贪污 40 万元

贵州"90 后"女会计张某贪污的新闻曾引起舆论热议。张某是贵州省思南县社会保险事业局的会计兼出纳,在工作不到 1 年的时间里,她就利用职务之便贪污了 40 余万元民生领域资金,最终被判刑 1 年 6 个月,并处罚金人民币 10 万元。到案发时,她还不过 25 岁,是迄今为止贵州省铜仁市范围内查办的最年轻的职务犯罪被告人。

案例 3:做两套账逃税,老会计被判刑

贵州省普安县人民检察院指控,九龙水泥厂会计危某在职期间,通过做两套账的方法隐瞒收入,虚报增值税额,涉嫌逃税金额共计 93 万余元。危某犯逃税罪,最终被判处有期徒刑 3 年,缓刑 5 年,并处罚金人民币 3 万元。

案例 4:某明星偷税案

2018 年,某明星被实名举报偷税漏税,舆论一片哗然。据报道,某明星及其担任法定代表人的企业少缴税款 2.48 亿元,其中偷逃税款 1.34 亿元,其需补缴的税款、滞纳金以及罚款超过 8 亿元。其经纪人销毁会计凭证、会计账簿,涉嫌犯罪,被公安机关采取刑事强制措施。

案例 5:蓝田事件

蓝田事件是中国证券市场一系列欺诈案之一,是继银广夏之后中国股市上演的又一出丑剧。与银广夏相同,蓝田公司玩的也是编造业绩神话的伎俩,因涉嫌提供虚假财务信息,蓝田公司的 10 名管理人员被拘传,其股票被强制停牌。

案例 6：万福生科事件

2012 年，湖南证监局在一次例行巡查中发现，上市不到 1 年的万福生科公司存在财务问题。该企业虚构收入、虚构合同、虚增资产，涉嫌欺诈发行股票、虚假披露、财务造假等，严重违反法律法规。最终，公司被罚 30 万元，董事长和 CFO 各被罚 30 万元，其余高管分别被罚 5 万～25 万元。

上述这些事件表明，会计人员的职业道德沦丧，不仅给国家的经济带来巨大损失，而且也危害了社会经济的正常秩序。因此，针对目前职业道德失范的现状，加强会计职业道德的建设是非常重要的。

2. **实训要求**

（1）哪些原因导致上述案例中会计人员职业道德缺失？企业在什么样的环境下更容易产生不道德的行为？（从企业视角、环境视角分析）

（2）公司对道德操守应该承担哪些责任？

（3）假设你作为企业中层或基层会计人员，通过报表或原始凭证查阅等方式发现了企业不符合会计职业道德的行为，你会采取什么行动？

（4）假设你作为上述案例中的中层或基层会计人员，被上级领导要求做假账，你会怎么做？怎么解决道德冲突？

（5）对加强我国会计职业道德的建设提几点建议。

四、延伸阅读与拓展思考

（一）延伸阅读——项怀诚：朱镕基同志三次题词"不做假账"（节选）

朱镕基同志几乎从不题词，他在任国务院总理期间，却"破例"为新成立的国家会计学院三次题词"不做假账"，并明确指示将其作为校训。这既说明了朱镕基同志对国家会计学院的特殊"偏爱"，更充分显示了他对会计工作和会计人员职业操守的重视。目前，"不做假账"已经成了会计业界甚至经济领域的至理名言。

1. **三次题词"不做假账"**

镕基同志平时在各地视察工作时，几乎从不题词，惜墨如金。但在 2001 年，他先后三次写过"不做假账"的题词。第一次是 4 月 16 日，他视察上海国家会计学院时，为学院题写了"不做假账"的校训。第二次是 10 月 29 日，他视察北京国家会计学院时，又一次题了词，执笔写下"诚信为本，操作为重，凡我校友，不做假账"16 个字。这个题词意义深远，已经不仅是国家会计学院的校训了，而是对全国会计人员的职业操守提出了要求。我拿到这张薄薄的宣纸时，感觉沉甸甸的。

过了两天，我突然接到总理办公室主任李伟同志的电话，说镕基同志觉得那天的题词不太确切,"凡我校友,不做假账"这句好像表示不是会计学院的校友就可以做假账似的,并说他已重新写了一张,让我派人持原来的题词去换取新的题词。我与李伟比较熟悉,觉得"有机可乘",说我先派人去取,老的题词找到后就送来。其实我心里想,错版题词弥足珍贵,收藏起来有特别的纪念意义。李伟好像也精于此道,早已识破我的私心,细声细气地对我说:"你的意思我明白,但旧的不送来,新的不能给你。"就这样,我只好乖乖地送去了原先的题词,拿到了镕基同志的第三次题词。新的题词把第三句"凡我校友"改为"坚持准则",但第二天新闻稿中用的是"遵循准则",我估计是镕基同志亲自改的,可能"坚持"不如"遵循"更为准确。后来,我们贯彻落实时用的都是"遵循准则",但北京国家会计学院校园内花岗岩上镌刻的题词还是"坚持准则"那一版。一个题词一改再改,力求准确,这种认真的精神实在难能可贵。

2. 重在会计队伍的建设

朱镕基同志"不做假账"的题词很经典,切中时弊,对会计界影响深远。同时,2001年10月29日他视察北京国家会计学院时的讲话内容丰富而又深刻,我至今清晰地记得那次讲话的要点。一是要求高起点、高水平地办好国家会计学院。他要求把会计学院办成以注册会计师相关知识为培训内容、面向全国的、培养宏观经济部门、国有大中型企业、金融机构和中介机构的高级人才及高级财会人才的会计后续教育培训基地。二是国家会计学院的任务是要源源不断地向社会输送一批又一批职业道德好、业务素质高的会计人才。他强调,会计人员要素质高、讲诚信、有操守、依法办事。这是中国现代化建设的基础,关系国家的长远利益,是国家的根本大计。他强调,"不做假账"是会计从业人员的基本职业道德和行为准则,所有会计信息都要真实、可靠。三是当前经济生活中一个突出问题是不少会计师事务所和会计人员造假账,出具虚假财务报告。许多贪污受贿、偷税漏税、挪用公款等经济违法犯罪活动以及大量腐败现象,几乎都与财会人员做假账分不开。这已经成为严重危害市场经济秩序的一个"毒瘤"。四是要求所有国有大中型企业、金融机构的财务主管都必须到国家会计学院接受培训,达到合格的要求才能上岗。此外,镕基同志还提倡学院要建设一支高水平的教师队伍,"只有拥有一流的教师,才能办成一流的学校"。他强调,要舍得花本钱引进国内外最优秀的专家来授课,要搞"案例教学"和"诚信教育",要把诚信教育放在首位。他语重心长地说,在国家会计学院接受培训并取得合格证书的人,不仅要有一流的专业水平,更要有一流的职业道德水平,绝对不做假账!

3. 不做假账的思索

10年来,不做假账的宣传不能说不够,效果如何?不敢高估。为进行案例教育,财政部收集编写了多种类型的案例,编成了案例库;为进行诚信教育,财政部也编了书,我当财政部部长时还去国家会计学院专门讲过课。现在看来,编的书,似乎看的人不多;讲的课,听者藐藐。10年的诚信教育差强人意,弄虚作假在今天依然蔓延,中介机构的公信力似在下降。为此,我很担忧。我常常在想,朱镕基同志大声疾呼"不做假账",其实他呼唤的是诚信、是道德、是人的规范和尊严、是礼之经也! 著诚去伪是社会的责任,也是一项长期任务,不仅需要几所国家会计学院的不懈努力,更需要全社会的积极推动。

资料来源:项怀诚.朱镕基同志三次题词不做假账[N].中国财经报:2008-07-18(A03).

(二) 拓展思考

(1) 结合上述阅读材料,谈谈你对会计职业道德的理解。

(2) 当今社会,屡有会计人员不遵守职业道德的案例出现,你认为造成会计人员诚信危机的原因是什么?

(3) 作为一名财会专业的大学生,上述案例对你有什么启示? 在以后的工作中应如何做到不做假账?

第十一章　可持续发展管理会计

实训目的

　　通过本章实训,学生应对可持续发展管理会计有一个全面的认识,把握可持续发展管理会计在管理会计体系中的位置,明确其与传统管理会计的关系,理解和掌握可持续发展管理会计的定义、特点和目标,熟悉可持续发展管理会计的主要内容及工具,并能结合实际进行分析。

重点难点解析

　　本章的重点是了解可持续发展的概念以及可持续发展管理会计产生的背景,理解可持续发展管理会计的定义、特点和目标,掌握可持续发展管理会计的主要内容及工具,并能结合实际加以分析。

　　本章的难点是掌握可持续发展管理会计的主要内容,并运用可持续发展管理会计的相关理论及工具对实际的案例进行分析。

一、知识链接

(一) 可持续发展的含义

　　可持续发展的概念最早出现在 1972 年斯德哥尔摩举行的联合国人类环境研讨会上。自此以后,各国纷纷界定"可持续发展"的含义,现时拟出的定义已有几百个之多,分别涵盖了国际、区域、地方及特定界别层面。1987 年,联合国世界环境与发展委员会发布报告《我们共同的未来》，在该报告中首次明确提出了可持续发展的概念，并得到世界各国的广泛接受和应用。该报告指出，可持续发展是既满足当代人的需要，又不对后代人满足其需要的能力构成危害的发展。具体来说，就是要在经济发展的同时注意保护资源和改善环境，达到经济、社会、资源和环境保护的协调一致，让子孙后代能够享受充分的资源和良好的环境。

随着可持续发展思想的不断盛行，人们的价值观念发生了很大的改变，可持续发展及其在社会经济活动中的实现途径越来越成为各界有识之士关注的焦点，企业也在这股不可逆转的发展潮流中面临着新的挑战与机遇。因此，可持续发展已经成为许多国内外企业制定未来发展战略必须考虑的目标之一。该目标的内涵可以表述为：企业在既符合环境法规要求又能降低成本的前提下，有效地开发利用资源，尽可能地减少资源消耗、降低环境污染，通过保持生态环境因素的可持续性获得企业长期竞争的优势，从而实现企业的可持续经营。

（二）可持续发展管理会计产生的背景

近年来，在科学技术和社会飞速发展的同时，人类社会生活的生态环境也面临越来越严峻的恶化趋势。保护环境、合理开发利用资源、实现可持续发展的目标，已经成为人类面临的重要课题。企业作为社会经济发展的主体力量之一，环境生态问题也已成为企业可持续发展所面临的突出问题。与此同时，会计的发展同社会经济环境有着十分密切的联系，瞬息万变的社会经济环境要求会计必须通过不断的改革适应外部环境的变化。因此，为了将自然资源的开发利用和环境保护纳入企业的经营管理决策中，创立能够赢取企业竞争优势、帮助企业实现可持续发展目标的可持续发展管理会计是极具必要性的，这具体体现在以下三个方面。

1. 践行可持续发展战略的需要

随着可持续发展战略的提出，企业的行为不但会受到政府法律法规的约束，而且还将面临来自市场、社会公众等利益相关者的监督。因此，企业不得不主动采取有利于生态环境的一系列经济行为，并按照利益相关方的要求披露其环境、社会政策以及相关表现的信息，而这一切经济事实的发生都需要会计活动加以反映、监督和提供决策支持。在传统的管理会计理论下，企业是把利润作为衡量业绩的重点，而忽略了其经营活动对生态环境的影响，因此，在面临着可持续发展战略的重大挑战时容易造成经营决策的失误。可持续发展理念和全球经济背景，对企业经济效益、环境效益和社会效益的协调提出了更高的要求，即企业的发展需要实现经济、环境、社会三个层面综合目标的最大化，而非单一的追求利润最大化。由此可见，对传统会计理论进行完善和发展，将管理会计的理论向生态环境领域延伸，并且将生态环境因素、履行社会责任等融入企业经营决策中,使之适应可持续发展战略的需要是很有必要的。

2. 赢取竞争优势的需要

自 20 世纪 80 年代末期以来,可持续发展理念开始被国际社会所接受,"绿色消费"成为公众广泛参与环境和生态保护的消费方式,全球掀起了一股"绿色消费"的浪潮。大多数消费者在选择商品或者服务时,不仅关注产品的质量、功能和价格,而且关注产品本身以及生产运营过程中的环保因素。此外,许多国家都要求或者提倡企业对外披露其环境保护方面的信息以及社会责任报告。企业通过公开披露这些信息,可以提升企业社会形象,加强企业与外部沟通,吸引外来投资,提高企业风险管理能力。由此可见,在生态环境保护方面取得优势的企业,将能在企业的竞争中掌握一定的主动权。换句话说,现代企业的经营管理目标已经逐渐由单纯地追求利润转向追求经济效率与生态效率相统一。可持续发展管理会计是管理会计发展的一个崭新领域,与传统的管理会计相比较,它更加重视生态环境、社会责任给企业带来的影响。因此,创立可持续发展管理会计是企业赢取新竞争优势与企业管理方式创新改革的共同要求。

3. 建立现代企业生态经济管理模式的需要

传统的经济管理是生态与经济相脱离的管理,该管理理论认为,企业的运行只受社会经济规律制约,不受自然生态环境制约。因此,传统的经济型企业只一味地追求经济利益,忽视了生态利益和社会利益,从而导致人们对企业经济功能的强化和对企业生态功能、社会功能的弱化,这种行为大大制约了企业的可持续发展。作为一个可持续发展的企业,其创造物质财富的基本前提是要积极、主动地改善生态环境。传统的经济管理过多地考虑了当前的短期利益,其过度开发资源、掠夺式经营等经济行为忽视了后代人的长期利益,造成后代人的福利减少等恶果。因此,现代企业生态经济管理模式应运而生,它把企业看成一个由生态系统和经济系统复合而成的系统,其运行同时受到生态规律和经济规律的制约。该管理模式旨在使生态系统的自然资源得到充分的开发和利用,既能满足企业提高经济效率的要求,又不超出生态经济系统维持平衡统一的极限。在这样的背景下,管理会计应与现代企业生态经济管理的实践相结合,不断创新和发展自身的理论和方法,以迎合企业管理生态化的需要。因此,创立可持续发展管理会计是顺应时代发展的需要。

(三) 可持续发展管理会计的含义

传统的管理会计是一种基于经济增长的会计管理方法,而可持续发展管理会计是更加关注企业的价值增值,从而实现以企业核心能力的培养、巩固与提升为特点的管理会计新领域。作为管理会计发展阶段的一个新领域,可持续发展管理会计是一个由经济管理向生态环境管理领域延伸的知识结合体,它运用灵活多样的方法搜集、加工、整理与企业生态环境管理相关的各种信息,并据此协助管理当局构建基于生态系统的决策、控制和业绩评价。除了对生态经济系统内企业自身的有关信息进行战略审视之外,可持续发展管理会计还要经常了解企业的外部环境(如政府部门、金融机构、环境政策、法律规范、供应商、客户和竞争对手等方面)对企业未来经营的约束及影响,并以此为依据不断调整企业的发展战略,将生态经济因素作为提高企业竞争力、获取最终目标的战略要素之一。

可持续发展管理会计的作用在于为企业内部管理者提供与生态环境相关的财务信息与非财务信息,其理论和方法的应用有利于减少企业经营风险,促进安全生产,提高劳动生产效率,形成长期的良性循环,帮助企业改进内部控制系统,优化管理决策,降低成本,从而增强产品竞争力,实现生态效率和经济效率的双赢,促进企业的可持续发展。

(四)可持续发展管理会计的特点

(1)可持续发展管理会计具有以决策研究为核心的工作属性。

(2)可持续发展管理会计融合经济学、管理学、生态经济学及环境管理学等多种学科的内容和方法于一身,具有学科之间的统一性和高度综合性。

(3)可持续发展管理会计重视企业外部环境对企业未来经营行为的约束,具有外向性和宏观性。

(4)可持续发展管理会计能灵活地采用不同的方法和渠道对内外部信息进行加工,并及时向管理者提供和反馈相关信息,具有信息多样化的特点。

(五)可持续发展管理会计的目标

可持续发展管理会计融合了经济学、管理学、生态经济学及环境会计等多种学科的内容和理论,将管理会计的研究领域向生态环境领域延伸并得到了一定的发展,其涉及的学科范围之广决定了可持续发展管理会计的目标是极具复杂性的,具体来说,可持续发展管理会计的目标是通过对具体目标的逐步实施,以支持其基本目标的实现,从而达成最终目标的多方位目标层次体系。

1. 最终目标

可持续发展管理会计的最终目标是促进企业追求经济效益、生态效益、社会效益的协调统一,也就是说,既能实现企业的经济目标、提高企业的市场竞争地位,又能完成企业生态化,实现资源的合理运用和环境绩效最大化,从而实现企业整体价值的最大化和企业的可持续发展。

2. 基本目标

可持续发展管理会计的基本目标是为企业管理决策提供各种与生态环境因素有关的财务信息和非财务信息。传统的管理会计只强调经济效益的目标决策,但生态环境与社会责任也会给企业带来重大的影响,因此,可持续发展管理会计应当在经济决策时更加关注环境和社会因素,更加全面地反映企业发展与经济、环境、社会的平衡关系,综合经济、环境和社会的发展需求,并在决策执行过程中有效贯彻可持续发展观,追求共赢发展。

3. 具体目标

可持续发展管理会计的具体目标主要包括以下四个方面。

(1) 协助管理当局确定考虑生态环境因素的总体战略目标。

(2) 协助管理当局确定考虑生态环境因素的决策目标。

(3) 协助管理当局实施考虑生态环境因素的控制目标。

(4) 协助管理当局评价考虑生态环境因素的业绩目标。

(六) 可持续发展管理会计的内容

从工作属性来看,可持续发展管理会计的主要内容应该包括三个关键环节,即基于生态经济系统的决策、控制和业绩评价。

基于生态经济系统的决策主要是指在企业管理决策中应考虑生态环境因素的影响,它是可持续发展管理会计的一个关键环节。在进行基于生态经济系统的决策过程中,企业应充分考虑生态环境因素,如企业对自然资源是否合理利用、企业排放的"三废"是否达标排放、企业生产是否会影响生态平衡等,并结合财务信息评估备选方案的环境成本及环境负荷,选择确定一个成本低、效益高的生态经济方案,权衡企业的经济利益与长远发展,优化企业的战略决策。

基于生态经济系统的控制主要是指根据已经确定的决策目标,基于生态环境因素进行成本控制、效益分析,以实现生态效益和经济效益双赢的目标环节。具体来说,就是根据企业制定的生态经济效率最优方案,对生产经营过程中发生的各种环境成本以及影响环境成本的各种因素施加主动的影响,检查企业在生产经营活动中对生态计划的执行情况,及时调整偏离企业内外部环境决策的方案和计划,以保证实现企业目标,达到预期的经济效益和环境保护成效。

基于生态经济系统的业绩评价主要是指通过一系列的指标对前面两个环节中的工作效果进行评价,也就是说,既要对考虑生态环境因素决策的正确性进行评价,同时也要对实施考虑生态环境因素方面的控制和管理的有效性进行评价,及时发现问题,肯定成绩。这是可持续发展管理会计活动的最后一个环节,它有利于企业的管理决策者总结经验,为新一轮的战略目标做出正确的决策。

(七) 可持续发展管理会计的相关理论

1. 产品生命周期理论

产品生命周期理论(product life cycle theory,PLC)是由美国经济学家雷蒙德·弗农(Raymond Vernon)于 1966 年在其论文《产品周期中的国际投资与国际贸易》中首次提出的。产品生命周期是指产品从开始产生到进入市场直至被市场淘汰整个过程所经历的期间,它可以从不同的角度予以阐释,从市场角度看,产品生命周期可分为引入期、成长期、成熟期和衰退期四个阶段;从生产者角度看,产品生命周期是指从产品的研发设计到制造、销售、售后的循环过程;从消费者角度看,产品生命周期是指从产品购入到经过使用磨损直至报废的过程;从社会角度来看,产品生命周期的具体环节应该涵盖产品研发设计、原材料采购、制造、销售、消费者使用及回收废弃的全过程。

生态经济系统下的产品生命周期理论作为可持续发展管理会计的一个分析框架和基础理论,在原始理论的基础上结合考虑了生态经济的因素,将传统的产品生命周期理论扩展成"资源—产品—再生资源"的循环过程。生态经济系统下的产品生命周期过程一共分为五个阶段,即资源取得阶段、产品制造阶段、产品销售阶段、产品使用阶段和弃置再循环阶段,这五个阶段构建了一个完全符合可持续发展规律的循环体系,为可持续发展管理会计的运用奠定了坚实的基础(如图 11-1 所示)。

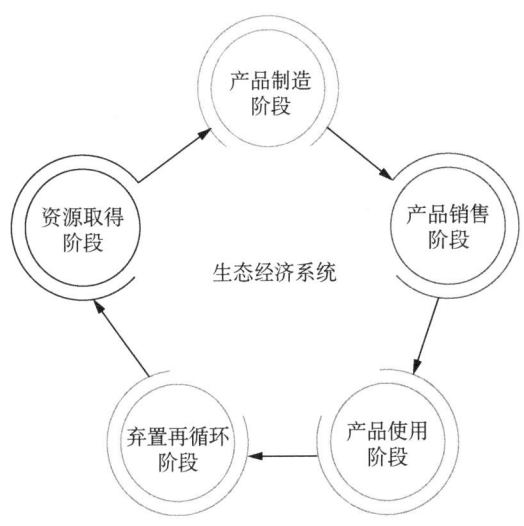

图 11-1 生态经济系统下的产品生命周期

2. 三重底线理论

三重底线又称为三重盈余,其概念最初是由英国学者约翰·埃尔金顿(John Elkington)提出的。他认为,一个企业要想能够持续发展,一定要始终坚持经济发展、环境保护和社会责任三者的统一。这意味着企业在追求自我生存和持续发展的过程中,不能局限于只考虑企业的财务绩效,还要考虑企业的环境绩效和社会绩效(如图11-2所示)。这一理论推动了许多大企业重新定位其经济、社会和环境绩效之间的关系,更加注重对自然资源的合理使用,更加注重加强员工的安全和福祉,更加注重加强公共关系,同时也开始注重公众对环境和社会的关注,并对于潜在的可持续发展的利润采取了更加务实的态度。基于三重底线理论,企业应明确社会贡献与收益的关系,在谋求自身利益和股东利益的同时,兼顾其他利益相关者的需要,自觉履行其保护环境的社会责任,从而塑造良好的企业环境形象,以赢得市场的竞争优势。

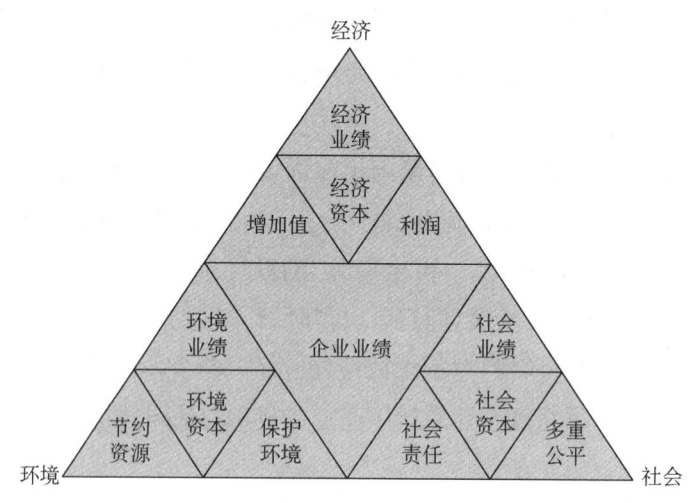

图 11-2　企业的三重底线业绩图

3. 绿色供应链

在企业的决策中,成本是一个关键的影响因素,为了实现企业管理决策目标,必须对成本的形成过程实施控制,而可持续发展管理会计将生态因素纳入企业的控制活动中,通过绿色供应链管理解决成本控制问题。绿色供应链管理概念最早是在1996年由美国密歇根州立大学制造研究协会提出的。此后,很多中外学者分别对绿色供应链管理的相关概念进行了研究,但是关于绿色供应链管理的确切定义,目前理论界还没有一个统一的表述。通过综合相关文献,绿色供应链管理的基本含义可以被归纳为:绿色供应链是指将生态环境因素融合到供应链管理的整个过程中,使企业充分利用具有绿色优势的外部资源,优先选择具有绿色竞争力的战略联盟,更好地提高资源利用效率,减少对环境资源的污染和破坏,从而达到整个供应链资源消耗和对环境影响最小的目的。由于从原材料准备到产品生产、销售、使用及再回收利用的每一个阶段都可能会对环境造成影响,所以绿色供应链管理的活动范围贯穿产品的整个生命周期(如图 11-3 所示)。

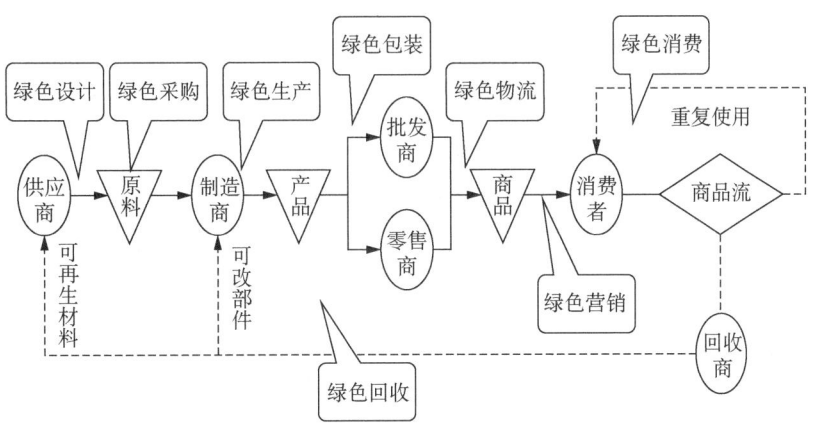

图 11-3　绿色供应链概念结构图

由图 11-3 可见,"绿色"的理念和目标覆盖了产品的全生命周期,而不是某一局部范围或阶段。因此,企业仅靠单个环节的绿色管理并不能体现供应链整体的绿色程度,而需要对供应链各个环节实施绿色管理和绿色运行,其内容主要包括绿色设计、绿色采购、绿色生产、绿色包装、绿色物流、绿色营销和绿色回收等。

绿色设计是指在产品生命周期全过程的设计中充分考虑各环节对资源和环境的影响,在充分考虑产品的功能、质量、开发周期和成本的同时优化各有关设计因素,使得产品的生产、消费、回收等环节对环境的负影响和资源消耗降低到最小。国际上一些著名的公司,如日本的丰田、美国的 IBM 以及我国的海尔等,都积极致力于绿色设计,以提高企业的声誉和产品的竞争力,均取得了良好的经济效益和社会效益。

绿色采购是指在采购过程中综合考虑环境因素,尽可能地选择对环境和生态无污染或者少污染、环境友善程度高的材料或者服务,甚至要求提供半成品原材料的供应商都要取得 ISO14001 认证①,以达到保护资源和提高企业声誉的目标。

绿色生产是指将环境策略持续地应用于生产过程和产品中,以减少其对人类和环境的污染风险,从而达到最大限度地防治工业污染、提高经济效益的双重目的。具体来说,就是要求生产过程节约原材料和能源,淘汰有污染的原材料,削减

---

①　ISO14001 认证是由国际标准化组织制订的环境管理体系标准,为使用者(企业、事业、政府)提供了综合管理体系兼容并蓄的环境管理的依据,是绿色采购中选择供应商的基本参考之一。

所有废物的数量和毒性。通过绿色生产,企业能够不断采用先进的工艺技术与设备,在生产过程中减少污染,提高资源利用效率,减少或者避免产品生产和使用过程中污染物的产生和排放。除此之外,绿色生产还可以降低因治理环境污染而浪费的成本,从整体上提高企业的经营效益。

绿色包装是指在商品包装设计和实施过程中严格按照世界公认的 3R1D 原则①突出考虑环境保护问题。例如,在包装材料上应选择不含铅、汞、锡等有毒成分的包装材料,可循环利用的包装材料以及可降解的包装材料;在包装结构设计应采用"零度包装"、精简包装、可循环重用包装以及可拆卸性包装等。

绿色物流是指从保护环境的角度改进物流体系,在物流过程中抑制物流对环境造成的危害,同时实现对物流环境的净化,充分利用物流资源。譬如,日本佳能集团为减少物流阶段的二氧化碳排放量,采取了缩短运输距离、转换运输模式、提高装载率等措施,2017 年在全球范围内实施"集装箱轮转使用"措施,大大提高了海上运输时的集装箱装载率,减少了运输时的环境负荷,为节能减排贡献了十分重要的力量。

绿色营销是指供应链企业在市场调查、产品研制、产品定价、促销活动等整个营销过程中,都以维持生态平衡、重视环保的绿色理论为指导,使企业的发展与消费者和社会的利益相一致。绿色营销要求将绿色管理思想贯穿于整个营销环节,是一种照顾生态层面的新的营销思维方式和操作方式。通过绿色营销,可以让公众了解企业对保护环境所做的努力,让顾客理解产品生命周期中的环境成本,并提供途径让他们提出改进意见。

绿色回收是绿色供应链管理的最后一个环节。产品生命周期结束之后,若不对废弃物进行回收处理,将造成资源浪费并导致环境污染。在产品生命周期结束之后,对其废弃物有多种不同的处理方案,各种方案的处理成本和回收价值并不相同。绿色回收是考虑产品及零部件的回收处理成本与回收价值,以最少的成本代价获得最高的回收价值。

二、案例分析

(一) 案例介绍:美乐家居的可持续发展战略

美乐家居创建于 1986 年,是一个以生产板式家具为主的家具公司,在发展初期,它与市场上专业精湛、产品丰富的家具公司相比有很大的差距。面对日趋激烈

---

① 3R1D 原则是目前世界公认的发展生态包装的原则,即减少包装材料消耗(reduce)、包装材料再利用(reuse)、包装材料的回收循环(recycle)以及包装材料可降解(degradable)。

和多元化的市场竞争,美乐家居要想在市场中占有一席之地,除了学习国外先进的技术和经验之外,还必须要找到属于企业自身和企业产品的特色。美乐家居的企业宗旨是致力于为顾客创造美好家居生活,这就意味着企业应当关注人类与环境问题,考虑企业及其产品对于社会和环境的影响,履行企业的社会责任,把可持续发展作为新的商业机遇。

在三十多年的发展过程中,美乐家居一直坚持把可持续发展作为企业的核心战略,始终不懈地为向不同类型的消费者提供种类繁多、美观时尚、绿色环保的产品而努力,旨在为每一位顾客打造一个和谐共生的理想生活空间,促进人与自然共同实现可持续发展。如今,美乐家居已经发展成为一家集研、产、销为一体的大型现代化家具家居用品制造企业,主要生产销售的产品包括套房家具、实木家具、床垫、沙发、软床和定制家具、办公家具等,其产品畅销全国,并远销欧美、东南亚等多个国家和地区。2018 年,美乐家居的销售额达 136 亿元人民币,比去年同期增长11.2%;各门店访客数量超过 9 620 万人,比去年同期增长 8.6%;会员俱乐部会员总数超过 1 800 万人,比去年增长 17%。"我们将不遗余力继续保持这样良好的发展势头,我们梦想着有一天能成为世界领先的家居用品开发制造商和服务提供商,这是我们一直努力的方向",美乐家居创始人这样说道。美乐家居出色的业绩和稳定的财务状况都得益于其独特的可持续发展战略管理体系。2016 年 10 月 25 日,美乐家居发布其全新的可持续发展战略,并制定了以下七项面向 2026 年的可持续发展目标。

(1)美乐家居将确保继续开发和设计更具可持续发展的产品及服务解决方案,不断提高产品的环保节能性能,帮助顾客创造更加绿色节约的可持续的家居生活环境。

(2)美乐家居将通过创新提高能源效率并大幅增加对可再生能源的使用,减少运营和供应链产生的碳排放。

(3)美乐家居将在生产产品和提供服务时做到零废料,并协助和鼓励客户重新使用或回收陈旧到期的美乐产品。

(4)美乐家居将继续通过社会责任活动努力为顾客及业务所在地的社区创造可持续生活。一方面,美乐家居所有的供应商都必须满足供应商行为规范,其目的是减少供应链对环境的影响并与符合规范的供应商建立长期的可持续的合作机制。另一方面,美乐家居将继续完善经营业务所在社区的服务内容和服务质量,并承诺在未来 10 年积极参加全球公益活动,致力于帮助众多贫困国家和地区改善生活环境。

(5)美乐家居将鼓励、帮助和奖励员工培养可持续性思维,并在日常工作中加以运用,将员工所取得的进步荣誉纳入绩效评估。

(6)美乐家居将在各地推广和建造生态工业园或新的办公大楼,并确保其都按照可持续发展的原则进行管理。

(7)美乐家居将继续与外部利益相关者合作,为迎接全球可持续性发展的挑战和机会提供新的解决方案。

为了尽快实现2026可持续发展目标,美乐家居将其可持续发展的经营理念与价值观融入经营活动和服务的每一个环节,无论是对顾客、供应商、员工还是对社区工作和环境,都尽可能地考虑企业活动所产生的环境影响和资源利用问题,做到在为顾客生产可持续的产品的同时兼顾环境保护责任,严格控制供应链各环节形成绿色供应,并通过积极支持可持续的公益事业扩大美乐家居在可持续发展领域的影响力。

1. 原材料的供应

对于家居行业而言,原材料的供应是整个"绿色质量"的源头。美乐家居从供应链上游做起,从原材料的精准甄选、严格把关做起,形成多级管理体制,以确保对原材料层层把关,最终符合美乐家居的质量要求。美乐家居管理当局在接受采访时表示:"森林资源是原料供应选择的重中之重,我们希望能从林木培育、采伐开始就确保家具原材料的绿色环保指标,因为林木原材料如果已经被污染,后续流程则无法提高家具产品的环保指标。此外,合理使用林木、保护森林资源以及避免无节制的滥砍滥伐也是我们一直坚持的。"因此,美乐家居成立了多个调研小组在多地开展工作,严格执行美乐家居选取木材的标准,最终确定了几处可利用的森林资源为企业长期提供原材料。据悉,美乐家居正不遗余力地想要收购一个属于自己的森林基地,以充实自己的林木储备。

此外,美乐家居还与多家世界500强企业建立了战略合作关系,精选了一系列环保原辅材料,为生产绿色环保的高品质产品奠定了坚实基础。比如,原纸采用德国"特西乐采"原纸,该原纸采用纯天然木质纸浆与优质钛白粉制成,不含汞、铅等有害元素;涂料来自德国拜耳公司提供的水性漆,该水性漆不含铅和汞,耐水、耐磨、耐腐蚀;五金件来自世界一流的德国海福乐公司,不含氰化物,牢固耐用,表面经久耐磨,不生锈,通过欧洲全球最具权威的欧盟盐雾测试。

2. 产品的可持续生产

为了使顾客能够放心地购买美乐产品,美乐家居致力于创新生产技术和使用绿色环保资源来制造更多可持续的产品,并结合自身中央实验室的检测项目,与产品质量检验研究院、质量技术监督局合作开展产品的理化检测,包括餐桌、餐椅、转椅、成品家具的甲醛释放量、重金属释放量以及板材的甲醛、密度、内结合强度等,主动出击,全面控制,形成多重把关机制,在为顾客创造舒适、美观居住环境的同时,杜绝因室内家具不合格而导致的室内污染,确保美乐家居的品质让顾客安全、放心。

此外,美乐家居在生产过程中严格遵守国家和所在地区的清洁生产、排放标准等环境法规,废水、废气处理设施健全,其废水自主排放基准比环境法规的排放标准低 20%,确保不会超标排放;生产过程中产生的废弃物也实行严格把控,通过削减废弃物产生、促进回收再利用、推进资源再利用等措施,减少废弃物排放量。

3. 供应商的管理

美乐家居与认同美乐价值观并能承担社会环境责任的供应商建立了长期优质的合作关系。2006 年,美乐家居推出了"美乐家居供应商行为规范"(如图 11-4 所示),将遵守该规范内容列为基本合同的一项,作为与供应商开始和延续交易关系的重要条件。美乐家居认为不仅自己要遵守环境相关法规,所有供应商都应该遵守,并且供应商需要向其员工及其次级供应商传达行为规范的内容。该行为规范对供应商从环境活动、产品材料质量、工作环境等方面进行管理,以激励和支持供应商不断改进,不能满足绿色采购要求的供应商则没有资格成为美乐家居的供应商。

美乐家居供应商行为规范

环境指南

供应商环境活动的评价应遵循 ISO14001 标准的管理思路,要严格遵守所在地区的相关环保法规。

产品、材料安全

产品、材料中所含化学物质的评价以世界各地相关的法律为依据,以世界范围内最严格的标准作为管理标准。

工作环境

供应商必须给员工提供健康安全的工作环境,确保建筑安全,有合理的私人空间和设施。

劳动力

供应商应该尊重员工,公平对待员工,无强制性用工和抵债性用工。

工资和工时

供应商支付的工资不得低于法定最低工资,供应商应按所在国家及地区适用的法律合理安排员工的工时。

社会参与

鼓励供应商积极参与社会活动,为有需要的地区和人民提供教育、文化和社会福利服务。

图 11-4 美乐家居供应商行为规范

对于已经符合行为规范的供应商,美乐家居还会每两年实施一次行为确认,实地走访各供应商工厂所在地,深入了解生产情况,努力遏制可能产生的环境问题。对供应商进行调查时,除了确认企业行为的环保合规性,还会要求供应商提供其二氧化碳排放数据,以此促进供应商进行节能减排活动。

4. 服务的持续优化

以客户为中心是美乐家居一直坚持和倡导的理念,为了提供更优质的客户服务,美乐家居制定了特色的服务计划,努力提升客户在家居产品生命周期内各阶段的品质体验,从客户体验、选择、购买、运送、售后等方面来分析客户的关注点,有针对性地制定标准化的服务流程来全面提升客户服务,让客户感受到企业以人为本的持续关怀,在行业内建立了良好的口碑。其中,全新的家居生活体验馆就是其重点项目之一。体验馆以"玩乐""亲子""学习"为三大线下体验区,分别设置了"生活展""家庭影院""行走的书咖""小乐园""梦想厨房"等体验场景,旨在为客户带来时尚、绿色、健康环保的全新家居体验。每一个场景的设置都巧妙地运用了美乐家居旗下的全屋定制产品,并且整个体验馆都巧妙地摆放了绿色植物,让客户沉浸在生活场景的同时,尽情体验美乐家居的魅力。

美乐家居贴心的售后服务也让客户日常生活的便捷度和幸福指数更高。例如,美乐家居实施进小区开展免费保养的服务,各地服务人员为用户提供细致周到的家具使用咨询、维修和保养等服务。此外,美乐家居还在各地建立了产品的回收渠道,对销售的产品采取终身回收的政策,并将回收的废旧产品进行再利用,对于使用年限较短的家居用品通过颜色或者功能改造进行二次加工,投入相应的二手市场或捐赠给当地的山区学校,充分发挥其"剩余价值";对于使用年限较长的家居用品进行资源化处理,拆解分类为可再利用材料,有效减少了新木材的使用量。

5. 绿色团队的创建

美乐家居认为,员工是企业可持续发展目标实现的关键推动因素。因此,美乐家居在各地运营场所都制定了计划,将可持续发展观念深深植入日常工作之中,不仅帮助员工在其专业和个人能力方面与企业一起成长,提供平等的待遇和机会,充实员工的职业生涯,而且还培养有热情的员工创建"绿色团队",将可持续发展理念融入大家的生活和工作场所之中,如开展绿色办公、骑车上班、社区服务等活动。另外,美乐家居还鼓励每个员工从不同的角度出发提供新的创意方案,比如研发团队考虑如何为消费者研发更加节能环保的产品,工厂营运团队探索如何在制造环节减少能源和水的消耗,物流团队思考怎样在供应链优化上减少碳排放,而品牌建设团队讨论如何创新地把对消费者的环保教育融入品牌和消费者的沟通中。

美乐家居一直以顾客的家居功能使用、舒适安全为追求目标,确保产品结构牢固、安全,功能设计和尺寸规划符合人体工程学和力学原理,最大限度地满足消费者的安全感、舒适度和健康需求,并着力在产品外观、工艺、材料、品质上创新求变。2017年,美乐家居荣获"绿色设计贡献奖",这是对美乐家居在绿色环保领域所做贡献的高度认可,也是对美乐家居长期不懈努力创造绿色人居的最好褒奖。作为家具领域多次荣获该奖项的企业,美乐家居不仅走在了"绿色设计"的前列,更为推动整个行业走可持续发展之路做出了积极表率。

(二) 问题思考

(1) 为什么美乐家居决定要以绿色环保为理念,实施可持续发展战略?

(2) 美乐家居是否创建了绿色供应链? 如果是,请具体说明每个环节是怎么实施的。

(3) 美乐家居的可持续发展目标之一是做到零废料,请问怎样才能达成这个目标?

(4) 根据案例资料请你帮助美乐家居建立一个基于生态环境经济系统的业绩评价体系。

(三) 要点分析

1. 美乐家居以绿色环保为理念实施可持续发展战略的原因

(1) 企业文化:美乐家居的企业宗旨是致力于为顾客创造美好家居生活,这就意味着企业应当关注人类与环境问题,考虑企业及其产品对于社会和环境的影响。

(2) 企业形象:在现行时代背景下,绿色环保的观念深入人心,材质环保健康、设计人性化的家居已经成为消费者的首选。因此,美乐家居努力将绿色环保理念渗透到产品生产、销售和服务的各个环节,向顾客展示它对绿色产品的决心,使公众认可它在这方面所做的努力,从而起到很好的宣传效果。

(3) 盈利:美乐家居的管理团队相信,这一行动将对其所做的投资提供正面的回报,并使公司在未来的许多年中保持盈利。

(4) 社会责任:积极响应国家政策,节约能源,降低能耗,让有限的资源和环境容量为经济社会发展提供可持续的支撑。

2. 美乐家居实施绿色供应链管理的具体环节

(1) 绿色设计。美乐家居的研发设计团队鼓励每个员工从不同的角度出发提供新的创意设计方案,积极响应消费者的安全感、舒适度和环境的要求,从家居功能使用、舒适安全出发,并着力在产品外观、工艺、材料、品质上创新求变,不断优化产品的环保节能性能,旨在帮助顾客创造更加绿色节约的可持续的家居生活环境。

(2)绿色采购。美乐家居严格控制供应商的选择,选择支持和符合企业绿色理念的供应商,并严格甄选原材料,形成多级管理体制,以确保对原材料层层把关,最终符合美乐家居不断改进、提升质量的要求。

(3)绿色生产。美乐家居致力于创新生产技术和使用绿色环保的资源来制造更多可持续的产品,并广泛地展开产品测试,杜绝因室内家具不合格而导致的室内污染。另外,美乐家居在生产制造过程中严格遵守国家和所在地区的清洁生产、排放标准等环境法规,其废水、废气处理设施健全,对生产过程中产生的废弃物也实行严格把控,通过削减废弃物产生、促进回收再利用、推进资源再利用等措施减少废弃物排放量。

(4)绿色营销。美乐家居通过打造家居生活体验馆,为顾客直观地展示其家居产品及品牌设计,大大提升了客户购买家居产品时的品质体验。此外,体验场景中绿色植物的装点也为客户带来了心旷神怡的感觉,受到了顾客的好评。

(5)绿色回收。美乐家居在各地建立了产品回收渠道,对销售的产品采取终身回收的政策,并对回收的家居及废旧产品进行再利用,将使用年限较短的家居用品通过颜色或者功能改造后投入相应的二手市场或捐赠给当地的山区学校,将使用年限较长的家居用品进行资源化处理,拆解分类为可再利用材料。

3. 达成零废料目标的措施

(1)尽可能少用运入和运出的包装,在生产过程中也要少用材料。

(2)要求供应商提供零缺陷的材料,在生产中也要做到零缺陷。

(3)对材料尽可能做到高效使用,对于不适用或者不能重新使用的材料,可以考虑改作他用。比如,将废旧产品加以分类、回收和再利用。

(4)将不能用的废料通过焚化转变为能量。

4. 家乐家居业绩评价体系

根据上述案例可知,美乐家居一直坚持将可持续发展作为企业的核心战略,并于2016年发布了全新的可持续发展战略,且制定了面向2026年的可持续发展目标,这些目标将影响从产品设计、生产到产品使用寿命结束的整个过程。因此,我们要以美乐家居的可持续战略目标为导向,首先确定影响企业战略的关键成功因素,其次确定反映成功因素的关键绩效指标,最后用这些指标来反映关键成功因素的实施情况,从而建立合适的业绩评价体系,对企业绩效进行全方位的评价。其关键成功因素和关键绩效指标分别如表11-1和表11-2所示。

表 11-1 美乐家居关键成功因素分析表

可持续发展战略	关键成功因素
经营的可持续	提供优质产品
	保持股东的回报与增长
	良好的员工福利
环境的可持续	保护环境
	优质绿色供应链
企业社会责任	支持社会发展,多方位建立良好形象

表 11-2 美乐家居经营关键绩效指标分析表

关键成功因素	关键绩效指标
提供优质产品	客户满意度
	订单完成率
	会员增长率
保持股东的回报与增长	经营业绩
	财务指标
良好的员工福利	员工福利满意度
	员工晋升通道
	员工关爱程度
保护环境	可再生能源利用率
	二氧化碳排放
	森林管理、木材使用量
	废料率、废弃物循环利用率
优质绿色供应链	绿色产品生产比率
	供应商绿色环保认证率
	环保投资比重
支持社会发展,多方位建立良好形象	公益项目参与度
	社区服务满意度
	环保型办公区建设

  基于以上详细指标,美乐家居可结合企业内外部经营实际,对已经得出的绩效要素进行检查、更正和反馈,并由此对美乐家居基于生态经济系统决策的正确性及控制的有效性进行评价。

三、实训演练

(一) 案例阅读:美乐生态工业园案例分析

为了给员工提供一个集工作休息和文化娱乐为一体的场所,打造"空气清新、环境优美、生态良好、人居和谐"的企业环境,美乐家居斥巨资启动兴建属于自己的生态工业园,整个园区占地达 3 200 多亩(1 亩约等于 666.7 平方米),其设计理念紧紧围绕现代、绿色、生态这三个要点。2018 年 5 月,这个员工与企业、企业与社会得以共建共享的绿色家园正式落成。

一踏入生态工业园,映入眼帘的就是一片郁郁葱葱、绿树成林、百花齐放的景象,这里拥有近 50 000 棵树木和多达 30 个种类的植物科目。绿色植物每天都在释放着充足的氧气,并吸收大量的二氧化碳和汽车尾气,炎热的夏季,一排排绿荫就像巨人伸出的臂膀为辛勤的员工遮蔽烈日。

进入到美乐工业园,厂房外有着统一的外观和标识,厂房内陈列着欧洲引进的最先进的生产设备群,身着统一工作服的员工们正激情地工作着,从原材料加工、生产到成品包装,整条工作线都透露着绿色的元素。除了生产线的机器设备,让人眼前一亮的还有穿插在生产线间随处可见的各种花卉植物,让人无法相信这是一个家具生产车间。此外,厂房内引进安装了大型吸尘管道,可以最大限度地减少空气中的粉尘含量,以减少对空气的污染和对人体的危害;同时,厂房内部还铺陈了先进的处理系统,让所有生产用水全部经过净水处理后再排出。工人们开心地说道:"工作时只要四处看看,感觉心情都会舒畅很多。相比以前的家具厂,粉尘少了,噪声也小了,就像在花园中工作一样。"

园区中央的办公大楼也是整个生态工业园的重点项目,设计师团队表示:"我们希望采用达到 LEED 认证的建筑建材来建设一幢健康建筑,以确保在工作场所的员工的运营效率和身体健康。通过这幢办公大楼,向客户和世界展示美乐家居对于可持续发展战略的实施是躬体力行的。新办公楼最大的特点就是充分利用自然条件和自有资源,它不但会给大家带来对美乐家居产品更直接的体验,而且也会为企业的员工提供一个与众不同的办公环境,更深刻地感受企业文化和企业的社会责任感。"办公大楼的入口门厅用全竹木的材料装饰,并搭配绿色植被墙的映衬,再加上人性化的过道设计和座椅分区,整体营造出清新而丰富的视觉效果。宽敞自然的办公区让人感到毫无压抑感,由近到远一览无余,让所有员工都能享受到开阔、通透、交流无障碍的办公环境。员工办公位距离窗户都只有不到 6 米的距离,保证员工能在自然光的沐浴下心情愉悦地工作,眼睛疲劳时还可以俯瞰窗外园区里的绿色风景。与之配套的不同风格的小会议室、茶水间以及员工更衣室等都集中在楼梯核心周边,能够满足每一位员工在办公区的办公和休憩需求。更值得一提的是,新大楼还设有员工休闲娱乐区,包含露天书吧、咖啡厅、各种健身活动室等。

大幅的玻璃天花板和玻璃幕墙让大楼保持充足的采光,即使是阴雨天,大楼内仍然有经玻璃折射而色彩变换的自然光。呼吸式双层幕墙通过其内外两层立面结构很好地起到了隔热的效果,通风间层还可以自动地将室外的自然风输送到室内,给室内提供源源不断的新鲜空气,达到空气置换的效果。大楼的屋顶安装了美观轻巧的太阳能光伏电板,夏季时完全可以满足办公楼的用电需求,和普通办公楼相比,其用电量足足节省了 60%。每到下雨的季节,屋顶和阳台上的雨水收集系统就会将雨水储存到地下室的回收水箱中,用于冲厕和灌溉建筑物外的植物和树木。

最值得称道的是,办公楼的内部装修项目大部分使用的都是环保材料,所有的办公家具都是美乐家居自己的绿色产品,从地板、门、桌椅、沙发到吊灯、收纳柜、窗帘等,都具备无污染无毒害的特点,并且产品都尽量采用可回收材料制成,以保护室内的环境质量。在公共区域或者每一张办公桌上,都以绿色植物作为装饰,这些绿植除了具有美化作用外,还能营造活泼的办公室氛围。大楼前设计的户外庭院,伴有 270 度无边水池,精致的绿植矗立水池中央,随风摇摆,让员工们的心更添纯净与灵动。办公大楼周边配套的一系列服务设施也致力于为员工营造更可持续的经营环境,如办公大楼旁的林荫道设置了巴士停站点,服务于员工上下班通勤,且巴士使用生物柴油动力,以尽可能减少碳排放。除此之外,餐饮部门的工作人员还采用可持续发展模式选择食品供应,如考虑食品供应商生产的农产品是否为有机产品以及是否对环境有污染等,并通过数据驱动的采购模式,限制准备食物所产生的废物量,跟踪哪些食物更受欢迎,消耗量是多少,以便减少食物浪费。

美乐家居通过这些实际行动,不仅将绿色文化深深根植于所有员工的心中,还为其周边城镇建设了一个强大的生态呼吸机,净化了社会的空气,推动了社会的文明,为城市生态建设做出了巨大贡献。

(二) 实训要求

(1) 根据三重底线理论,从不同的角度回答以下问题。例如,将学生分为三个小组,第一组学生代表"环境",从环保角度回答问题;第二组学生代表"社会",从员工和社会角度回答问题;第三组学生代表"利润",从企业利润角度回答问题。

① 美乐家居在保护环境方面做了哪些努力? 请选择至少五种环境方面的活动进行分析。

② 美乐家居未来在保护环境方面还应做什么努力？

③ 美乐家居在员工工作环境方面做了哪些努力？

④ 美乐家居在当地社区建设方面做了哪些努力？请选择至少五种与人有关的活动进行分析。

⑤ 美乐家居在可持续发展方面所做的努力对它的利润额有什么影响？

⑥ 美乐家居未来还可以做哪些努力以达成可持续发展的目标？

（2）可持续发展战略的实施有助于降低企业的风险。请问对于美乐家居而言，可能降低的风险有哪些？

（3）请问美乐家居的可持续战略预期会如何影响其短期和长期的盈利性？

四、延伸阅读与拓展思考

（一）延伸阅读——汉高：基于三重底线的可持续发展

德国汉高（Henkel）（以下简称汉高）成立于 1876 年，是一家拥有悠久历史的跨国集团，其主要在家庭护理、个人护理及黏合剂、密封剂和表面处理三个业务领域向全球 125 个国家和地区的消费者提供强大的产品和技术。作为一家"百年老店"，汉高一直把可持续发展作为企业的核心业务因素，并始终将平衡经济、生态及社会责任作为企业的首要任务。"只有在平衡各方面利益的前提下，企业才能获得长远、稳定的发展"，汉高中国区总裁艾峡甫（Faruk Arig）在接受采访时曾这样说。

汉高的绿色供应链涵盖了产品的整个生命周期，其可持续发展战略主要集中在五个关键领域：①在能源与气候方面，汉高集中力量开发高效低耗的产品和技术，同时优化企业自身的生产流程；②在水资源方面，汉高将减少生产使用的水消耗作为重要目标，洗涤剂、清洁剂等主营产品的设计都考虑到了对地表水的影响；③在原料与废料方面，为了降低对原材料的消耗和废物的排放，汉高使用了资源保护性生产工艺，多采用耐用品降低产品能耗；④在安全与健康方面，汉高一向把员工、顾客和消费者的安全和健康放在首位，在生产车间、生产流程以及汉高产品的使用等环节皆是如此；⑤在社会进步方面，汉高为社会创造了公平的雇佣条件和就业机会，与供应商保持良好的合作伙伴关系，通过各种方式为社会平等和进步做出贡献。

汉高作为沃尔玛的供应商，曾获得 2009 年沃尔玛（北美）可持续发展奖。面对供应链上社会责任的履行，汉高在全球范围内实行明确的管理流程和采购战略。在选择供应商时，采购部门和运营部门根据统一的可持续性标准对全球的供应商及其他业务合作伙伴进行评估，主要在安全、健康、环境、质量、人权、员工标准及反腐败等方面对供应商和其他业务合作伙伴进行了调研和筛选,以此保证与优质的供应商建立良好的关系,并逐年提高在符合标准的供应商处采购的数量。除此之外,汉高在全球范围内有一个履行社会责任的平台——"汉高微笑"。这个项目分为"为了明天(强调员工参与)""汉高友情项目(提供应急资金)"和"社会合作(突出公司及品牌参与)"三大核心元素,涵盖了社会福利、教育与科学、健康与卫生、艺术与文化以及生态保护等领域,如改善产妇健康、向患白内障和青光眼的母亲提供医疗和检查服务以及资助农村孤儿的生活和学习等。

2010 年,"世界最具商业道德企业"的获奖名单中,汉高赫然在列。第 40 届达沃斯经济论坛上发布的全球可持续发展企业 100 强名单中,汉高排名第 11 位。事实证明,汉高正通过不断的努力将好的产品质量与有效的环境保护和社会责任结合起来,并获得了全球范围内的广泛认可。

资料来源:张凌宁.汉高:"三重底线"是致力于可持续发展企业的使命[J].WTO 经济导刊,2009(11).

(二) 拓展思考

(1) 汉高是如何坚持企业的三重底线原则的?

(2) 若管理会计师作为汉高可持续发展小组的成员,他将起到什么作用?

(3) 汉高绿色供应链可持续发展战略存在的问题有哪些?

参 考 文 献

［1］布朗.会计简史[M].周华,吴晶晶,译.北京:中国人民大学出版社,2018.

［2］托马斯·约翰逊,罗伯特·卡普兰.管理会计兴衰史[M].金马工作室,译.北京:清华大学出版社,2004.

［3］郭永清.管理会计实践[M].北京:机械工业出版社,2018.

［4］财政部.财政部关于全面推进管理会计体系建设的指导意见[J].交通财会,2014(12):8-9.

［5］财政部会计司.《管理会计基本指引》解读[J].国际商务财会,2016(06):46-48.

［6］傅博闻.财务共享服务中心在跨国公司中的应用与思考——以华为公司为例[J].现代营销(经营版),2019(08):221-222.

［7］小阿瑟·A.汤普森.战略管理:获取竞争优势[M].北京:机械工业出版社,2006.

［8］张玉杰.公司战略:谋划与执行[M].北京:企业管理出版社,2012.

［9］迈克尔·A.希特.战略管理:概念与案例[M].北京:中国人民大学出版社,2009.

［10］斯蒂芬·P.罗宾斯.管理学[M].北京:中国人民大学出版社,2012.

［11］吴测宗.市场首销学[M].北京:清华大学出版社,2006.

［12］中国注册会计师协会.公司战略与风险管理[M].北京:经济科学出版社,2019.

［13］刘志海,李松玉.管理中的小故事与大道理[M].北京:人民邮电出版社,2006.

［14］迈克尔·波特.竞争优势[M].北京:中信出版社,2014.

［15］郭毅,李玉刚.战略管理案例[M].北京:清华大学出版社,2005.

［16］黄旭.战略管理思维与要径[M].北京:机械工业出版社,2007.

［17］周三多.管理学[M].北京:高等教育出版社,2007.

［18］弗雷德·戴维.战略管理[M].10版.北京:经济科学出版社,2006.

［19］C.W.L.希尔,等.战略管理[M].7版.北京:市场经济出版社,2007.

［20］亨利·明茨伯格.公司战略计划[M].昆明:云南大学出版社,2002.

［21］弗雷德·R.戴维.战略管理:概念与案例(全球版)[M].13版.北京:中国人民大学

出版社,2012.

[22] 实施品牌战略打造一流企业[EB/OL].(2020-2-25)[2020-03-20].http://www.china2000.org/Skill/View_6300.html.

[23] 胡向丽.管理会计实训[M].上海:上海财经大学出版社,2017.

[24] 王顺金.财务管理实务[M].北京:北京理工大学出版社,2017.

[25] 上海市财政局.管理会计的上海实践[M].上海:上海财经大学出版社,2016.

[26] 孙茂竹,文光伟,杨万贵.管理会计学[M].北京:中国人民大学出版社,2017.

[27] 白玉芳.管理会计学[M].上海:上海交通大学出版社,2013.

[28] 财政部会计资格评价中心.高级会计实务案例[M].北京:经济科学出版社,2019.

[29] 刘金星.管理会计实训与案例[M].大连:东北财经大学出版社,2018.

[30] 杨学富,耿广猛.管理会计实训教程[M].3版.大连:东北财经大学出版社,2018.

[31] 会计仿真实训平台项目组.管理会计实训[M].北京:清华大学出版社,2018.

[32] 会计仿真实训平台项目组.管理会计实训——虚拟仿真[M].北京:清华大学出版社,2018.

[33] 中华会计网校.高级会计实务经典案例分析[M].北京:人民出版社,2019.

[34] 中华会计网校.高级会计实务应试指南[M].北京:人民出版社,2019.

[35] 刘运国.管理会计学[M].2版.北京:中国人民大学出版社,2015.

[36] 刘金星.管理会计实训——业务与案例[M].北京:中国人民大学出版社,2015.

[37] 瑞夫·劳森.管理会计师协会教学案例(第5辑)[M].杨继良,译.北京:经济科学出版社,2014.

[38] 胡玉明.管理会计[M].北京:中国财政经济出版社,2009.

[39] 吴大军.管理会计习题与案例[M].大连:东北财经大学出版社,2006.

[40] 孙茂竹.管理会计学[M].北京:中国人民大学出版社,2005.

[41] 冯巧根.组织结构变迁对管理会计研究的影响[J].会计研究,2000(4).

[42] 朱盈盈.财务管理实训教程[M].成都:西南财经大学出版社,2016.

[43] 谢文芳.企业投资决策中的问题及应对策略分析[J].创新科技,2018,18(06):71-74.

[44] 桂玉娟.财务管理实训教程[M].上海:上海财经大学出版社,2016:75.

[45] 罗萍.WE科技集团项目投资财务可行性分析[J].农村经济与科技,2018,29(16):138-140.

[46] 钱琨.直接与间接融资成本分析[J].时代金融,2018(36):218-220.

[47] 陈念.基于销售百分比法的公司资金需求量预测研究[D].兰州:西北民族大学,2015.

[48] 胡玉明.高级管理会计[M].厦门:厦门大学出版社,2005.

[49] 财政部会计资格评价中心.高级会计实务案例[M].北京:经济科学出版社,2015.

[50] 刘运国.管理会计学[M].3版.北京:中国人民大学出版社,2018.

[51] 罗胜强.管理会计指引讲解[M].北京:新华出版社,2018.

[52] 李守武.投融资与风险管理[M].北京:中国财政经济出版社,2018.

[53] 李守武.管理会计工具与案例——报告、信息化与其他[M].北京:中国财政经济出版社,2018.

[54] 中国注册会计师协会.公司战略与风险管理2019[M].北京:中国财政经济出版社,2019.

[55] 吴大军.管理会计[M].5版.大连:东北财经大学出版社,2018.

[56] 吕文栋,刘鲁梅.北京市高新技术企业全面风险管理现状及对策——以电子与信息技术产业为例[J].科学决策,2010(6).

[57] 戴利研.基于COSO框架的企业全面风险管理信息系统研究——以中国投资有限责任公司为例[J].辽宁师范大学学报(社会科学版),2012(2).

[58] 孙静.全面风险管理案例评析——以振远工程机械企业为例[J].财会月刊,2015(31).

[59] 中华人民共和国财政部.企业会计准则[S].北京:经济科学出版社,2017.

[60] 彭宏超.管理会计基本指引:内容分析及评价[J].新会计,2016(10).

[61] 胡玉明.管理会计应用指引详解与实务[M].经济科学出版社,2018.

[62] 王帅.管理会计的变迁、管理与创新探索[J].中国管理信息化,2017(24).

[63] 邵梅.现代企业管理会计报告体系的构建及思考[J].经营管理者,2017,22(20):101-102.

[64] 洪刚.管理会计在企业的应用研究[D].北京:华北电力大学,2010.

[65] 王怡.中国会计准则国际趋同与会计信息质量的关系研究[J].财会学习,2017(01):17-18.

[66] 朱长春.公司治理标准[M].北京:清华大学出版社,2014.

[67] 丁增稳,方飞虎.财经法规与会计职业道德[M].北京:中国人民大学出版社,2010.

[68] 高顿财经研究院.财务决策[M].2版.北京:中国财政经济出版社,2017.

[69] 中华会计网校.管理会计应用案例分析[M].北京:新华出版社,2015.

[70] 曾爱青,曾建辉,刘智勇.公司治理风险影响因素分析[J].合作经济与科技杂志社,2018(20).

[71] 彭宏超.全球管理会计原则:管理会计概念框架研究的新突破[J].财会月刊,2015(25).

[72] 黄玉枝.关于管理会计师及其职业道德研究[J].当代经济,2015(23).

[73] 赵建楠,初凤荣.公司治理角度下管理会计作用的研究[J].中外企业家,2015(13).

［74］贾茜.管理会计能力框架的国际比较及对我国的启示［J］.财会月刊,2018(19).

［75］万曦.管理会计应用中的问题及对策［J］.企业研究,2014(04).

［76］何佳玲.浅谈 CMA 职业道德对我国的借鉴意义［J］.纳税,2018(14).

［77］张亚连.可持续发展管理会计研究［M］.北京:中国财政经济出版社,2010.

［78］张亚连.关于可持续发展管理会计目标的探讨［J］.现代会计与审计,2008(4).

［79］瑞夫·劳森.管理会计师协会教学案例(第 2 辑)［M］.杨继良,译.北京:经济科学出版社,2014.

［80］陈卫华.基于可持续发展视角的管理会计报告体系构建［J］.财会通讯,2018(22).

［81］于蕾.企业社会责任与可持续发展管理会计［J］.商场现代化,2017(23).

［82］汪波,白彦壮,李敏.企业可持续发展的绿色供应链管理研究［J］.科学管理研究,2004,22(1).

［83］安小平.绿色供应链管理的内容及实施途径［J］.物流科技,2008(3).

［84］范睿.基于可持续发展背景下企业环境会计探讨［J］.中国集体经济,2011(3).

［85］唐宏,蒋敏元.现代可持续发展的企业特点［J］.企业改革与发展研究,2005(10).

［86］温素彬.企业"三重盈余"绩效评价指标体系［J］.统计与决策(理论版),2005(3).

［87］刘海军.我国绿色供应链可持续发展策略研究［J］.改革与战略,2011(9).

［88］刘兴旺,胡烈格,曲春梅.现代企业绿色供应链管理及实施策略研究［J］.山西科技,2006(5).

［89］郭晓梅.环境管理会计研究［M］.厦门:厦门大学出版社,2003.

［90］任乐娟.基于三重底线理论的企业综合业绩评价体系构建［J］.财会通讯,2019(26).

［91］洪源.宜家家居的全球可持续发展战略研究［D］.哈尔滨:黑龙江大学,2014.

［92］曾蔷.企业可持续发展战略——基于万科集团的案例分析［D］.成都:西南财经大学,2016.